A. COUTURET

ZIDORE

ou

UN COUP DE VEINE

Vaudeville en deux Actes

Représenté pour la première fois à Chansonia

Prix net : 2 fr.

PARIS

AU MÉTRONOME

MAISON EMILE BENOIT, ÉDITEUR

13, Faubourg Saint-Martin, 13

—

1914

PERSONNAGES

	Chansonia.	Ba-Ta-Clan
ISIDORE MERLUCHET, dit ZIDORE MM.	ALBÈNS.	MM. AUGÉ.
GEORGES BRÉZIER	REYBAS.	VICTOR BRÉVY
EMILE	LARY.	MARTIAL.
GONTRAN DE LA MOULINIÈRE		
(45 ans)	SUBERT.	DELLY'S.
BRÉZIER (60 ans)	J. FAVART.	PORTAL.
GRAVELINE (35 ans)	JACQUINOT.	RIQUIN.
GERMAINE BRÉVIN . . . . Mmes	DELILLE.	Mmes GONZALVE.
MADELEINE FROUSSANGE	DELACORRE.	MARY HETT.
Mme PÉCHARD (45 ans)	LÉO GEORGIA	CH. MARTENS.
Mme SAINT-AMAND	DELAVALIERY.	SARBEL.
AUGUSTINE	MARIEL.	SIRMIONNE.
LOUISE	COURCELLE.	LEROY.
BLANCHE	LENA.	RAGUAY.
GEORGETTE	RAYMONDE.	DAURELLA.
DANSEURS	X...	X...

N. B. Nombre *ad libitum* de Midinettes et de Danseurs.

~~~~~~

METTEURS EN SCÈNE :

CHANSONIA : M. J. FAVART. — BA-TA-CLAN : M. J. CHAPELLE.

~~~~~~

Nota. — Cette pièce appartient au Répertoire de la Société des Auteurs Dramatiques.

ZIDORE

ou

UN COUP DE VEINE

PREMIER ACTE

Un restaurant pour midinettes. — Au fond, porte d'entrée donnant sur la rue. A droite, les tables. A gauche, premier plan, une porte donnant dans la cuisine; au second la caisse; au troisième un buffet sur lequel sont les desserts et les liqueurs. A gauche, près de la porte, un guéridon.

SCÈNE PREMIÈRE

Emile, Germaine, Augustine, Louise, Blanche, Georgette,
puis **Mme Péchard**

(C'est le 1er Mai; toutes les midinettes, sauf Germaine, qui est assise seule à une table sur le devant du théâtre, ont au corsage un petit bouquet de muguet.)

Ensemble

Air : refrain de *Les Mansardes de Paris.* (1)

Pour les cousett's, quand sonn' midi,
C'est l'heure charmante où chacun' dit
    Des choses folles,
    Propos frivoles
Qui vous font croir' tout excellent,
Que l'déjeuner est succulent.
Et du lundi jusqu'au sam'di,
    Elles se grisent
    D'un tas d'bêtises,
Les midinett's quand sonn' midi.

Augustine

Emile, un gâteau de riz !

Emile

Voilà, Mademoiselle ! (*Il va au buffet.*)

Louise

(*Consultant la carte.*) Moi, je ne sais pas ce que je vais prendre comme dessert.

Blanche

Ni moi non plus.

---

(1). *Les Mansardes de Paris.* Editeur : « La Chanson Parisienne », 5, Passage de l'Industrie, Paris.

Georgette

Moi, je n'aime que les fruits.

Augustine

Des fruits au 1ᵉʳ Mai ! attends que ça pousse, ma petite !

Emile

(*Servant.*) Le gâteau de riz demandé !

Augustine

Qu'est-ce que vous avez donc fait du patron et de la patronne ?

Emile

Ils sont partis tous les deux à la noce de leur neveu.

Augustine

Ça fait que vous voilà, pour aujourd'hui, le patron de la boîte ?

Emile

Oui, avec la mère Péchard, la cuisinière.

Louise

Emile, donnez-moi un baba au rhum, avec beaucoup de rhum !

Emile

Bien, Mademoiselle.

Blanche

Et moi une crème renversée !

Emile

Bon ! (*Ouvrant la porte de gauche. A la cantonade.*) Mère Péchard, venez donc servir les desserts, que je fasse mes additions !

Mme Péchard

Voilà ! Voilà ! (*Elle entre.*) Bonjour, les enfants !

Toutes

Bonjour, Madame Péchard !

Emile

(*A Mme Péchard.*) Un baba au rhum !

Louise

(*Vivement.*) Avec beaucoup de rhum !

Emile

Et une crème renversée. (*Il va à la caisse.*)

Mme Péchard

(*Allant au buffet.*) Un baba et une crème !

Augustine

Eh bien, Germaine, tu ne prends pas de dessert ?... Ça ne va pas, aujourd'hui ?

Germaine

Si !

Augustine

Tu as l'air triste ?

Germaine

Mais non !

Louise

Est-ce parce que ton amoureux ne t'a pas donné ce matin du muguet pour ton 1er Mai ?

Germaine

Oh ! non.

Louise

Veux-tu la moitié de mon bouquet ?

Germaine

Merci, Louise, je vais en acheter tout à l'heure.

Mme Péchard

(*Servant.*) Voilà le baba et la crème.

(*Georges entre.*)

SCÈNE II

Les mêmes, Georges Brezier

Georges

(*Un bouquet de muguet à la main.*) Bonjour, Mesdemoiselles !

Toutes

Bonjour, Monsieur !

Germaine

(*Emue.*) Georges !

Georges

Bonjour, Germaine... Je viens déjeuner avec toi !

Germaine

(*Joyeuse.*) Vrai ?

Georges

Mais oui... et je meurs de faim. (*Lui donnant le bouquet.*) J'ai pensé au muguet.

Germaine

Ah ! merci !... C'est gentil !

Augustine

(*A Germaine.*) Embrasse-le, au moins !

Germaine

Mais pour sûr ! (*Elle embrasse Georges.*)

Louise

(*Aux autres.*) La voilà contente, maintenant.

Germaine

Je t'ai attendu ce matin jusqu'à neuf heures moins dix ?

Georges

Impossible de venir, je t'expliquerai ça.

Emile

(*Qui s'est approché de Georges.*) Qu'est-ce que Monsieur veut manger ?

Georges

Ce que vous voudrez, ça m'est égal.
(*Emile va à la cuisine.*)

Augustine

Aujourd'hui 1er Mai, fête du muguet porte-bonheur, on ne se la foule pas, et je crois bien que l'on fermera tous les ateliers à quatre heures, comme pour la Sainte-Catherine.

Georges

Ah ! alors, si vous le voulez, rendez-vous ici à quatre heures, on fêtera le muguet fleuri !

Toutes

Oui ! oui ! Bravo ! à quatre heures ! On chantera !

Emile

(*Entre et sert Georges.*) Voilà un gigot haricots ; il est épatant !

Georges

Une serviette !

Emile

Tout de suite. Et comme vin ?

Georges

Du blanc ! (*A Germaine.*) Tu es contente ?

Germaine

(*Amoureusement.*) Très contente !... J'avais si peur de ne pas te voir aujourd'hui.

Mme Péchard

(*A part.*) Ce que c'est gentil une paire d'amoureux !... Dire que j'ai t'été comme ça aussi... (*Soupirant.*) Ah ! ç'est pas près de revenir !

(*Entre Zidore.*)

SCÈNE III

es mêmes, Zidore

Zidore

(*Minable, une barbe de quinze jours.*) Bonjour, M'sieurs, dames et la compagnie !

Toutes

Tiens ! voilà Zidore !
(*Emile s'occupe de Georges.*)

Mme Péchard

(*Allant à Zidore.*) Qu'est-ce que vous devenez donc ? voilà six mois qu'on ne vous a pas vu ?

Zidore

Ben, j'ai z'eu des malheurs.

Mme Péchard

Toujours les mêmes ?

Zidore

Oui, pour pas changer.

Mme Péchard

Qu'est-ce que vous faites, à présent ?

Zidore

Tout et rien.

Mme Péchard

Tout, c'est beaucoup, et rien, pas assez !

Zidore

(*A part.*) Ce que ça sent bon, le gigot !

Augustine

(*A Zidore.*) Qu'est-ce que vous avez fait de votre guitare ?

Zidore

Mademoiselle, je ne vais plus chanter chez les marchands de vin, ce métier de mendigot me dégoûtait.

Emile

(*En se retournant pour aller à la caisse, se jette dans Zidore.*) Fais attention, mon vieux, tu gênes le passage !

Zidore

(*Gagnant la gauche.*) Ne te fâche pas, je me retire.

Mme Péchard

Ça fait que vous voilà tout à fait dans la dèche ?

Zidore

Je bats une de ces purées en ce moment... (*À part, reniflant.*) Ah ! le gigot...

Les Midinettes

Le café !

Mme Péchard

Voilà ! (*Elle sort vivement à gauche.*)

Georges,

Qu'est-ce que c'est que ce type-là ?

Germaine

Un pauvre bougre qui, pour gagner quelques sous, allait chez les marchands de vin à l'heure des repas, chanter des chansons.

Georges

Comment l'appelles-tu ?

Germaine

Nous ne le connaissons que sous le nom de Zidore.

Mme Péchard

(*Entrant.*) Emile, la verseuse ! (*Elle la passe à Emile, qui va remplir les tasses de café.*)

Mme Péchard

(*Donnant à Zidore un morceau de pain.*) Tenez, je vous ai mis là-dedans la souris du gigot... Mangez ça !

Zidore

Ah ! merci, Madame Péchard, vous êtes encore plus meilleure bonne que la sainte Vierge du Bon Dieu. (*Il mord à pleines dents dans le pain.*)

Augustine

Pour son premier Mai, on peut bien se payer un petit verre avec son café.

Les Midinettes

Pour sûr !

Emile

(*Allant chercher les bouteilles.*) J'apporte des liqueurs au choix !

Georgette

Moi, je prendrai du raide ; dans le café, c'est meilleur. (*Emile donne des petits verres et verse.*)

Georges

Dites donc, Zidore ?

Zidore

M'sieur ?

Georges

Qu'est-ce que vous faites en ce moment ?

Zidore

(*La bouche pleine.*) Je mange, M'sieu.

Georges

Je le vois bien, mais ce n'est pas une situation sociale.

Zidore

Ah! si, parce que y avait rudement longtemps que ça ne m'était pas arrivé de boulotter un bon morceau.

Georges

(*Appelant.*) Garçon!

Emile

Voilà, Monsieur?

Georges

Servez-nous aussi le café!

Emile

Bien, Monsieur.

Georges

En même temps, servez donc une chopine à Monsieur Zidore, qui doit mourir de soif.

Zidore

Ah! merci, mon prince! (*A Emile.*) Une chopine, un verre!

Mme Péchard

(*A Emile.*) Servez vos cafés, je vais donner la chopine à Zidore.

Germaine

(*A Georges.*) Il y a des fois où Zidore nous a bien fait rire. (*Emile sert le café à Georges et à Germaine.*)

Mme Péchard

(*A Zidore, lui mettant la bouteille et un verre sur le guéridon à gauche.*) Voilà votre chopine.

Zidore

Tenez, mère Péchard, pour que vous ayez du bonheur, j'irai vous chercher un trèfle à quatre feuilles sur le talus des fortifications... Et vous savez, y sont rares!

Mme Péchard

C'est ça, je le mettrai dans mon « ormoire ». Emile, vous n'avez plus besoin de moi?

Emile

Non, mère Péchard.

Mme Péchard

Je retourne à la cuisine. (*A Zidore.*) Et vous, tâchez de faire quelque chose, c'est pas une vie que vous menez là. (*Elle sort à gauche.*)

SCÈNE IV

Les mêmes, *moins* Mme Péchard

Augustine

Tenez, Zidore, pour votre 1er Mai, je vous paie un dessert.

Zidore

Ah ! merci, Mademoiselle, ça me fait plus plaisir qu'une branche de muguet.

Augustine

Choisissez ce que vous voudrez.

Zidore

(*Regardant le buffet.*) Si ça ne vous fait rien, Mademoiselle, je vas prendre un pruneau ?

Augustine

Oh ! à moi, ça ne me fera rien... il n'y a qu'à vous à qui ça pourra faire quelque chose.

Zidore

Y a pas de pet ! Emile, refile-moi un pruneau. (*Emile va pour prendre une assiette.*) Non, pas celui-là, l'autre ! y a plus de jus. (*Emile va lui poser son dessert sur le guéridon. A Emile.*) Merci, mon vieux. (*Il mange.*) Y a pourtant encore des braves gens sur le plancher des vaches !... A preuve les ceusses qui sont ici... Eh bien ! malgré ça, je suis tout le temps dans la mouise ! (*Chaque fois qu'il mange un pruneau, il en met le noyau dans sa poche.*)

Georges

Faites quelque chose !

Zidore

Mais, mon bon Monsieur, voilà plus de six mois que je m'esquinte le tempérament à chercher n'importe quoi, un truc ousqu'on va le matin et qu'on sort le soir comme tout le monde.

Georges

Qu'est-ce que vous avez essayé de faire ?

Zidore

D'abord, je suis allé chez un loueur de voitures qui m'a embauché tout de suite.

Georges

Qu'y faisiez-vous ?

Zidore

Je lavais les carrioles, j'étais content comme tout... C'était bien payé, 3 fr. 50 par jour. Lorsqu'un beau matin, voilà t'y pas les autres laveurs qui me cherchent des histoires parce que je faisais pas partie du syndicat des laveurs de voitures. Naturellement je me rebiffe, on se cogne, ça fait du pétard. Bref, le patron m'appelle dans son bureau et me dit comme ça : « Mon petit ami, je ne peux pas vous garder ».

Germaine

Pourquoi donc ?

Zidore

Parce que les autres laveurs avaient menacé le patron de se mettre en grève si je restais... Alors, je suis parti et j'ai perdu c'te position-là.

Georges

Il fallait vous mettre du syndicat ?

Zidore

Mais j'y suis allé, seulement y n'ont pas voulu de ma figure.

Georges

A cause ?

Zidore

Parce que je n'étais pas de la partie.

Georges

Ça, c'est pas ordinaire !

Zidore

Je n'ai jamais eu de chance; depuis que je suis au monde, j'ai toujours eu la guigne au... cœur verdâtre.

Louise

Vous n'avez pas essayé de faire autre chose ?

Zidore

Si ! par un copain j'avais trouvé une place de figurant au théâtre de Grenelle; mais là on m'a encore fait une sale blague parce que je n'étais pas syndiqué.

Louise

Qu'est-ce qu'on vous a fait ?

Zidore

Un soir, dans une pièce où nous étions tous habillés en mousquetaires, j'étais dans la coulisse derrière un décor en train d'écouter une scène d'amour épatante. Tout à coup, au moment où le jeune premier dit à une jolie petite môme : « Ma chérie, je t'adore et rien ne m'empêchera de t'aimer ! Viens dans mes bras ! » Voilà un type qui me fout une poussée terrible qui m'envoie en plein dans le jeune premier. Lui, épaté, me refout une poussée qui m'envoie dans le trou du souffleur. Moi, furieux, en piquant une tête je dis : « Ah ! merde ! »

(*Les midinettes poussent un cri et se tordent.*)

Georges

Compris !

Zidore

La jeune première se trouve mal, on baisse le rideau, le régisseur s'amène, on m'empoigne, on me fout une de ces dégelées, et je me retrouve affalé sur le trottoir en face de l'entrée des artistes.

Germaine

Vos débuts au théâtre ont été orageux.

Zidore

Ne m'en parlez pas. Ça m'avait tellement abruti qu'à trois heures du matin j'étais encore en mousquetaire, en train de me balader sur les quais. C'est un agent de police qui, me prenant pour un fou, m'a conduit au poste, ousque j'ai passé la nuit.

Toutes

Pauvre Zidore !

Zidore

Tenez, la cerise me poursuit tellement, que ces temps derniers j'avais trouvé un petit truc pas méchant qui me faisait gagner quelques sous. Eh bien, a fallu que ça craque aussi.

Georges

Quel était ce petit truc ?

Zidore

Le jour du marché aux fleurs de la Madeleine, je proposais aux dames de leur z'y porter à domicile les pots de fleurs qu'elles venaient d'acheter. Eh bien, un agent est venu me dire : « Allez, ouste ! plus de galvaudeux sur le marché ! » C'est à vous dégoûter de la vie !

Augustine

(*Réfléchissant.*) Tiens ! mais au fait, je vais peut-être vous aider à trouver quelque chose.

Zidore

(*Étonné.*) A moi ?

Augustine

Vous allez immédiatement trouver mon frère, qui est le chef du personnel à « l'Agence Générale de Réceptions »... C'est à deux pas d'ici, au 96 de la rue Tronchet... Vous verrez, c'est au premier étage.

Zidore

Vous croyez qu'on embauche là-dedans ?

Augustine

J'ai entendu dire l'autre jour à mon frère qu'il avait besoin de quelqu'un; pourquoi faire? je n'en sais rien. C'est une agence qui s'occupe d'organiser des soirées, bals, banquets, etc. Comme l'agence fournit tout, la salle, le personnel et le matériel, il lui faut encore pas-mal de monde.

Zidore

J'y cours tout de suite !

Augustine

Vous demanderez mon frère, M. Berget, vous lui direz que vous venez de la part de sa sœur, Mlle Augustine.

Zidore

Bien, Mademoiselle. (*Après une fausse sortie.*) Est-ce qu'il faut être syndiqué ?

Augustine

Mais non !

Zidore

Je reviendrai pour vous dire la réponse.

Augustine

Comme nous ne serons plus là, vous la direz à Emile.

Zidore

Oui, Mademoiselle ! Je fais vite... Au revoir tout le monde ! (*Il sort en courant.*)

Germaine

Ça y est, ce pauvre Zidore croit que c'est arrivé.

Augustine

Si mon frère a besoin de quelqu'un, il y a des chances pour qu'il le prenne.

Zidore

(*Revenant en courant, l'air navré.*) Ah ! mes enfants, vous ne savez pas ce qu'il m'arrive...

Tous

(*Très intrigués.*) Non.

Zidore

J'ai oublié un pruneau ! (*Tous se tordent. Emportant le pruneau.*) Au revoir tout le monde ! (*Il sort en courant.*)

SCÈNE V

Les mêmes, *moins* Zidore

Blanche

(*Regardant l'heure.*) Oh ! une heure dix ! Ce qu'on va se faire attraper !

(*Toutes se lèvent.*)

Germaine

Ce que le temps file !

Georgette

(*Vidant son petit verre.*) On n'a pas le temps de déjeuner.

Georges

(*A Germaine.*) Reste, j'ai quelque chose à te dire.

Germaine

Tant pis, je rentrerai en retard.

Georges

Alors, Mesdemoiselles, à tout à l'heure ! Nous arroserons le muguet fleuri.

Toutes

A quatre heures !

Augustine

Tu ne viens pas, Germaine ?

Georges

Je la garde encore cinq minutes.

Augustine

Ah ! ces amoureux, ça ne peut pas se séparer. Dépêchons-nous !

Ensemble

Air : refrain de *L'Amour qui rit* (1).

Allons, partons bien vite,
Car l'heure nous invite
A rejoindre, hélas ! les ateliers
De Messieurs les couturiers.
Fini d'rir', quel dommage !
Faut s'remettre à l'ouvrage ;
Ce qui nous console, heureusement,
C'est qu'l'on pense à son amant.

(*Elles sortent.*)

SCÈNE VI

Emile, Germaine, Georges

Georges

Garçon, qu'est-ce que je vous dois ?

Emile

(*Faisant le compte.*) Avec la chopine de Zidore...

Georges

Et le déjeuner de Mademoiselle !

Emile

Et les deux déjeuners... Ça fait 4 fr. 20.

---

(1) *L'Amour qui rit,* chez M. Christiné, éditeur, 33 faubourg Saint-Martin.

Georges

(*Le réglant.*)
Voilà... ça fait le compte.

Emile

Merci, Monsieur. Vous n'avez plus besoin de moi?

Georges

Non, merci.

Emile

Eh bien, à mon tour, je vais prendre le café. (*Il sort à gauche.*)

SCÈNE VII

Germaine, Georges

Georges

Ma petite Germaine, j'ai des choses très importantes à te dire.

Germaine

Ah !

Georges

Ce matin, j'ai eu avec mon oncle une conversation très grave qui m'a empêché d'aller à notre rendez-vous.

Germaine

J'étais très inquiète.

Georges

J'ai donc répété à mon oncle qu'après avoir mûrement réfléchi, je désirais plus que jamais épouser Mlle Germaine Brévin.

Germaine

(*Très émue.*) Georges !

Georges

Mon oncle a recommencé ses objections, me disant que j'étais fou de m'être amouraché d'une midinette qui n'a pas le sou.

Germaine

Dame ! ton oncle est riche et célibataire, il est tout naturel que t'ayant adopté, il veuille te faire faire un beau mariage.

Georges

Je t'assure que si ce n'était la peur de moisir comme gratte-papier dans une étude d'avoué, ce que je te l'enverrais balader, l'oncle Brézier avec ses idées !

Germaine

(*Vivement.*) Ne fais pas ça !

Georges

Son projet est bien simple : tout de suite après mon mariage il m'achètera une étude d'avoué, et il compte sur la dot de ma femme pour le roulement de fonds nécessaire à l'étude.

Germaine

(*Très émue.*) C'est un très beau projet d'avenir pour toi.

Georges

(*Allant de long en large.*) Oh ! mais je ne me tiens pas pour battu et je vais essayer de précipiter les événements.

Germaine

Georges, je t'en prie, ne fais pas de bêtises !

Georges

Écoute-moi bien : Ce soir, je vais au bal de « l'Association Amicale des Commis d'Agents de change », dont mon oncle est le président. Tu y viendras également avec ta mère.

Germaine

(*Intriguée.*) — Au bal avec maman ?

Georges

Oui. Ce matin, en désespoir de cause, j'ai dit à mon oncle — qui n'a pas repoussé la proposition — : « Permets-moi de faire venir à ce bal Mlle Germaine Brévin. J'ai la conviction que lorsque tu auras vu cette jeune fille, tu changeras d'idée ».

Germaine

Comment veux-tu que j'arrive à convaincre ton oncle ?

Georges

Germaine, j'ai confiance en toi... Essayons !

Germaine

(*Sans conviction.*) Si tu veux.

Georges

Je te donnerai ce soir une carte d'invitation pour ta mère et pour toi.

Germaine

C'est que maman...

Georges

Quoi ta mère ?

Germaine

Elle n'a pas de toilette pour aller au bal.

Georges

Ah ! tant pis !... On la mettra dans un coin !

Germaine

(*Regardant l'heure.*) Je me sauve, parce que la première me dirait des sottises.

Georges

Moi, je vais jusqu'au Tribunal de Commerce. Alors, ici à quatre heures !

Germaine

Entendu !

(*Ils s'embrassent et se sauvent.*)

SCÈNE VIII

Emile *seul, puis* Mme Froussange *et* Gontran de la Moulinière

Emile

(*Entre, fumant une cigarette. Se passant la main sur l'estomac.*)
Un bon café, ça fait du bien, mais quand il est accompagné d'un petit verre de fine, ça fait encore plus de bien... Où donc est la bouteille de fine ?... Ah ! non, pas de celle-là, c'est celle qu'on sert aux clients... (*Il cherche.*)

Mme Froussange

(*Très élégante. Entre en coup de vent, suivie de La Moulinière. Elle est tremblante de peur.*) Je suis sûre qu'il nous a vus !

La Moulinière

(*Très élégant, un peu naïf.*) Mais non !

Mme Froussange

(*Même jeu.*) Fermez donc la porte !

La Moulinière

(*Allant fermer la porte.*) Vous vous affolez continuellement.

Emile

(*A part, très intrigué.*) Qu'est-ce que c'est que ces deux rupins-là ?... (*Il s'avance.*) Vous désirez ?

La Moulinière

Ce que vous voudrez !

Mme Froussange

(*Très nerveuse.*) N'importe quoi !

Emile

(*A part.*) Ils ne sont pas très fixés ! (*Essuyant la table.*) Voulez-vous quelque chose avec de l'eau ?

La Moulinière

C'est ça ! avec de l'eau, c'est très bon !

Emile

Y a du cassis fait par la patronne?

Mme Froussange

Justement nous aimons beaucoup le cassis.

Emile

Alors, deux cassis à l'eau. (*Allant chercher les consommations.*) Comment que ça se fait que ces deux-là sont entrés ici?

La Moulinière

Asseyez-vous là et tâchez d'être calme.

Mme Froussange

(*S'asseyant.*) C'est très joli de prêcher le calme... Si vous étiez dans ma situation...

La Moulinière

Ma chère Madeleine, si nous étions pincés par votre mari, je serais aussi ennuyé que vous.

Mme Froussange

Qu'est-ce que vous risquez? Vous êtes célibataire!

Emile

(*Qui les observe du coin de l'œil.*) Ça, c'est une femme mariée qui doit faire des blagues avec un type! (*Servant les consommations.*) Voici, Monsieur et Madame.

La Moulinière

Combien vous dois-je?

Emile

Ça fait cinquante centimes.

La Moulinière

Voici cinq francs.

Emile

(*Fouillant dans sa poche pour rendre la monnaie.*) Nous disons cinquante sur cinq...

La Moulinière

Gardez la monnaie.

Emile

(*Etonné.*) Vous m'avez donné cent sous?

La Moulinière

Ça va bien... (*Poussant Emile vers la gauche.*) Laissez-nous un instant... Madame est nerveuse, elle vient d'être contrariée et un peu de solitude lui fera du bien.

Emile

Bien, Monsieur! (*Désignant la gauche.*) Je suis à la cuisine, si vous avez besoin de moi, vous n'aurez qu'à m'appeler.

La Moulinière

Parfait ! (*Il retourne à Mme Froussange et s'assied.*)

Emile

(*Qui n'en revient pas.*) Quatre francs cinquante de pourboire... C'est peut-être un roi qui est de passage à Paris. (*Il sort.*)

SCÈNE IX

Les mêmes, *moins* Emile

La Moulinière

Vous remettez-vous ?

Mme Froussange

Vous croyez que l'on se remet comme ça d'une pareille secousse.

La Moulinière

Je vous affirme que votre mari ne nous a pas vus ; il s'est penché machinalement de sa voiture pour faire tomber la cendre de son cigare.

Mme Froussange

En attendant, je vais vivre plus que jamais dans une mortelle inquiétude.

La Moulinière

Non seulement votre mari ne nous a pas vus, mais encore, allant à la Bourse, il était certainement très préoccupé.

Mme Froussange

Les préoccupations financières de mon mari ne l'empêchent pas de reconnaître sa femme dans la rue.

La Moulinière

C'est entendu, votre mari est un être supérieur ! Maintenant, admettons que Froussange nous ait reconnus... eh bien, après ?

Mme Froussange

Vous croyez que mon mari va trouver ça naturel ?

La Moulinière

Parfaitement, puisque je suis son ami. Ensuite parce que je vous ai rencontrée au marché aux fleurs de la Madeleine. N'est-il pas naturel, après nos achats, que nous cheminions un instant ensemble ?

Mme Froussange

En effet, ce serait très naturel, mais voilà, vous êtes mon amant.

La Moulinière

Votre amant... pardon, votre futur amant ; car depuis dix-huit mois que vous me faites l'honneur de m'accorder de furtifs rendez-vous aux quatre coins de Paris, vous m'infligez la plus cruelle attente.

Mme Froussange

Vous êtes si pressé.

La Moulinière

(*Soupirant.*) Dix-huit mois, c'est un bail.

Mme Froussange

Ah ! les hommes, tous les mêmes !

La Moulinière

(*Avec tristesse.*) Je vois bien que vous ne m'aimez pas.

Mme Froussange

Si je ne vous aimais pas, Monsieur Gontran de la Moulinière, je ne vous accorderais pas des rendez-vous trois fois par semaine !

La Moulinière

Je reconnais que depuis dix-huit mois, sauf pendant les vacances, vous m'accordez six heures par semaine en trois fois.

Mme Froussange

C'est heureux !

La Moulinière

Vous ne savez pas combien est dur pour moi ce supplice de Tantale trihebdomadaire. Un jour, nous nous donnons rendez-vous dans une église, où je peux à peine vous presser la main ; une autre fois nous nous rencontrons à une exposition de peinture où je ne peux rien vous presser du tout parce qu'il y a trop de monde. Et c'est toujours comme ça !

Mme Froussange

Et nos promenades en voiture, vous les oubliez ?

La Moulinière

Parlons-en ! J'ai une superbe 40 chevaux, délicieusement capitonnée, que vous refusez obstinément sous prétexte que mon chauffeur pourrait commettre une indiscrétion. Vous préférez ces ignobles fiacres conduits par des automédons crasseux, obèses et rubiconds qui vous engueulent ! (*Mme Froussange fait un bond.*) — Permettez-moi l'expression ! — Oui, qui vous engueulent quand on ne se laisse pas mener où ça leur fait plaisir d'aller !

Mme Froussange

Si je ne craignais pas un drame, je consentirais à vous rencontrer ailleurs que dans une voiture.

La Moulinière

Quel drame redoutez-vous ?

Mme Froussange

Depuis trois semaines, mon mari est soucieux; c'est à peine s'il répond à mes questions. Le soir, quand il vient dans ma chambre...

La Moulinière

(*Très malheureux.*) Je vous en prie, pas de détails conjugaux!

Mme Froussange

Laissez-moi vous expliquer! Mon mari me cause à peine, plus aucune de ces tendresses dont il était coutumier...

La Moulinière

(*Même jeu.*) Madeleine!...

Mme Froussange

Bref, il y a quelque chose!

La Moulinière

(*Cherchant.*) Il est peut-être très ennuyé par les affaires de sa maison de banque.

Mme Froussange

(*Vivement.*) Au contraire, elles vont très bien!

La Moulinière

Il a peut-être appris que sa maîtresse le trompait.

Mme Froussange

(*Jalouse.*) Mon mari n'a pas de maîtresse!

La Moulinière

Vous n'en savez rien, il ne vous le dit pas, cet homme!

Mme Froussange

Je m'en serais aperçue! Enfin, ce qui me fait croire qu'il a des soupçons, c'est que j'ai trouvé dans sa chambre une carte portant l'adresse d'une agence s'occupant de police privée.

La Moulinière

Et alors?

Mme Froussange

Je crois que mon mari s'est adressé à cette agence pour nous faire suivre.

La Moulinière

Vous croyez que Froussange?...

Mme Froussange

J'en ai peur. Aussi, plus que jamais, nous devons prendre beaucoup de précautions.

La Moulinière

(*Se levant.*) Toutes vos suppositions vont finir par me rendre malade. (*Un petit temps.*)

Mme Froussange

Vous viendrez ce soir au bal?

La Moulinière

(*Découragé.*) Ah! je n'ai guère le cœur à aller au bal.

Mme Froussange

Après ce que vous avez dit hier à la maison, mon mari ne s'expliquerait pas votre absence.

(*Zidore entre en coup de vent.*)

SCÈNE X

Les mêmes, Zidore

Zidore

(*Joyeusement.*) Ça y est! je suis embauché!... Emile, où es-tu?

(*Il entre précipitamment dans la cuisine.*)

Mme Froussange

(*Reconnaissant Zidore.*) Ah! cet homme! Vous ne le reconnaissez pas?

La Moulinière

(*Naturellement.*) Non.

Mme Froussange

Depuis que nous nous donnons rendez-vous au Marché aux fleurs de la Madeleine, voilà plusieurs fois qu'il rôde autour de nous.

La Moulinière

Ah!

Mme Froussange

Ce doit être un mouchard de l'Agence, à laquelle mon mari s'est adressé, qui nous surveille.

La Moulinière

Vous croyez?

Mme Froussange

Vous n'avez donc pas remarqué qu'il nous a proposé plusieurs fois de nous porter nos plantes à domicile?

La Moulinière

Eh bien?

Mme Froussange

Et maintenant, nous le retrouvons ici (*Appuyant*), comme par hasard!

Zidore

(*Revenant.*) Mais où donc est Emile? (*Apercevant Mme Frous-sange et la Moulinière.*) Oh ! y a du monde chic dans l'établisse-ment.

Mme Froussange

Sauvons-nous ! (*Pour ne pas être vue de Zidore, elle bouscule son chapeau qui lui tombe sur le nez. Zidore, ahuri, la regarde sortir.*)

La Moulinière

C'est assommant, ces histoires-la. (*Il se cache la figure avec son chapeau et sort.*)

Zidore

(*Seul, même jeu.*) Eh bien, ils craignent rien les courants d'air.

SCÈNE XI

Zidore et Emile

Emile

(*Passant la tête.*) Tiens ! t'es là ! (*Il entre.*)

Zidore

Oui, mon vieux.

Emile

(*Cherchant.*) Où sont donc mes deux clients?

Zidore

(*Retournant ses poches.*) Je ne te les ai pas chipés; tu peux me fouiller.

Emile

Que t'es bête !

Zidore

Le Monsieur et la dame qui étaient là viennent de se cavaler à l'instant. Ils m'ont même épate : pour sortir, ils se sont caché tous les deux la figure.

Emile

(*Mystérieusement.*) Je ne serais pas étonné que cet homme-là soit tout bonnement un monarque ou un prince étranger qui vient rigoler à Paris en sourdine.

Zidore

C'est ça qui se cachait le portrait pour pas que je le reconnaisse. Il a dû me prendre pour un ambassadeur.

Emile

Tu en as bien l'air.

Zidore

(*Riant.*) C'pas? Dis donc, je suis embauché à l'Agence ousque Mlle Augustine m'a envoyé.

Emile

(*Finissant de débarrasser les tables.*) Eh bien, tant mieux !

Zidore

Ce coup-ci, c'est sérieux, j'ai une vraie position d'avenir.

Emile

Qu'est-ce que tu feras là-dedans ?

Zidore

Eh ben, v'là : C'est moi que j'ouvrirai les portières des voitures quand l'Administration organisera une soirée. Je commence ce soir !

Emile

Comment ? Te v'là ouvreur de portières !

Zidore

Blague pas, mon poteau, c'est une belle place. J'ai trois francs sans compter les pourboires, et quand je donnerai un coup de main pour le service du buffet ou du vestiaire, je toucherai quarante sous de plus.

Emile

Oh ! mais, c'est la fortune.

Zidore

(*Se mettant à cheval sur une chaise. Débordant de joie.*) Je suis content ! (*Moins joyeux.*) Je suis content ! (*Sans aucune joie.*) Je suis content... (*Triste.*) Eh bien, non, je suis embêté.

Emile

A cause ?

Zidore

Il me faut de la tenue. (*Il se lève.*)

Emile

Quelle tenue ?

Zidore

Faut que je soye en habit et en gants blancs. L'Administration ne fournit que la casquette de toile cirée et le grand parapluie pour les soirs qui tombe de la flotte.

Emile

(*Farceur.*) — En fait d'habit, tu n'es sans doute pas très bien monté ; je parie même que tu as oublié d'en commander un à ton tailleur ?

Zidore

Je suis fâché avec depuis qu'il m'a raté mon dernier complet. Blague à part, le frère de Mlle Augustine m'a dit d'aller au Temple trouver la mère Permann, et que pour quinze francs elle me donnerait ce qu'il me faut.

Emile

Qu'est-ce que tu attends pour y aller ?... La route est belle !

Zidore

(*Se fouillant.*) Oui, la route est belle, mais je n'ai que treize sous dans ma poche. (*Emile, qui a fini de débarrasser les tables, s'assied sur le guéridon de gauche et se met à fredonner l'air d'une romance à la mode. Zidore, qui veut emprunter à Emile les quinze francs dont il a besoin, se met également à fredonner le même air, puis il va à Emile et lui donne une tape sur l'épaule.*) Ce vieux Emile ! Ce cher Emile !

Emile

Qu'est-ce que tu as ?

Zidore

T'es un chic type, toi... un bon père de famille. Si tu entendais ce que l'on dit sur ton compte dans le quartier, ça te ferait plaisir, va !

Emile

Ah !

Zidore

Emile par ci ! Emile par là ! Y en a que pour toi... Dis donc, Emile, tu ne voudrais pas me les prêter, les quinze francs !

Emile

(*Quittant le guéridon.*) Je ne marche pas !

Zidore

Pourquoi ?

Emile

Parce que tu m'as déjà tapé de trois fois quarante sous et que tu ne m'as jamais rien rendu.

Zidore

T'es pas chic !

Emile

On voit bien que tu n'as pas une femme et des gosses à nourrir.

Zidore

Je t'aurais aussi fait embaucher. Paraît qu'il faut un extra pour le service du buffet.

Emile

(*Incrédule.*) Oui, oui, je la connais...

Zidore

Alors, vrai, tu ne veux pas ?

Emile

Inutile d'insister !... D'abord, je ne les ai pas, les quinze francs ! (*Il sort à gauche, en emportant des verres et des bouteilles.*)

SCÈNE XII

Zidore seul, puis Germaine

Zidore

Ah ! la guigne ! la guigne ! (*Il se laisse tomber sur une chaise; les coudes sur la table, il se tient la tête.*) Je n'en sortirai jamais, de la mouise ! Non, jamais ! (*Germaine entre et l'écoute.*) Tiens ! je suis tellement dégoûté de la vie qu'avec les treize sous qui me restent je vas aller acheter du poison violent, du machin à faire crever les rats...

Germaine

Qu'est-ce que j'entends !... Vous parlez de vous empoisonner?

Zidore

(*Surpris.*) Oui, mam'zelle, je suis dégoûté de l'existence.

Germaine

Il ne faut pas vous décourager, vous finirez bien par trouver de l'ouvrage.

Zidore

(*Se levant.*) Mais j'en ai trouvé ! Je suis embauché à l'Agence ousque Mlle Augustine m'a envoyé.

Germaine

Eh bien?

Zidore

Oui, mais il me faut un habit.

Germaine

Et naturellement ça manque dans votre garde-robe?

Zidore

Je l'ai toute sur moi. Il paraît que pour quinze francs je pourrais avoir tout ce qu'il me faut au Temple; seulement je n'ai que treize sous et je ne dégoterai jamais un type qui me prêtera trois thunes.

Germaine

Tenez, moi, Germaine Brévin, je vous les prête ! (*Elle lui donne quinze francs.*) Je viens de toucher ma semaine.

Zidore

(*Emu.*) Ah ! merci, Mam'zelle Germaine, vous me sauvez la vie !

Germaine

A la condition que vous me les rendrez, parce que moi non plus je ne suis pas riche !

Zidore

Ah ! Mam'zelle, je gratterais plutôt la terre avec mes mains, mais je vous réponds que vous ne les perdrez pas !

Germaine

Allez, courez vite au Temple.

Zidore

(*Joyeux.*) Le temps de monter dans mon aéroplane et j'y vole ! Cent mille fois merci, Mam'zelle, et à bientôt ! (*Il se sauve en faisant sauter les pièces dans la main.*)

SCÈNE XIII

Germaine *seule, puis* **Georges**

Germaine

Ce serait vraiment dommage qu'il perde cette place faute de quinze francs. (*Georges qui est entré sur la pointe des pieds l'embrasse dans le cou. Surprise, elle pousse un cri.*) Ah !

Georges

Ça t'apprendra à venir la première au rendez-vous.

Germaine

Dis donc, chéri, la patronne nous a donné campos encore plus tôt que nous ne pensions; elle trouve que le muguet nous a trop monté à la tête pour faire du bon travail cet après-midi.

Georges

Je crois qu'elle a raison, ta patronne. Et tes amies ?

Germaine

Elles envoient des pneumatiques à leurs amoureux pour les prévenir qu'elles sont libres. Ne restons pas longtemps ici, parce que pour ce soir il faut que je m'occupe de ma toilette et de celle de maman.

Georges

Quel dommage que tu ne puisses venir seule, sans quoi, après le bal nous aurions été souper, et puis après... (*Il lui parle à l'oreille.*)

Germaine

Ce serait du joli, Monsieur !...

Georges

Et comment !... Tu m'aimes ?

Germaine

(*Amoureusement.*) Ah ! mon chéri ! (*Ils s'embrassent.*)
(*Entre Mme Péchard.*)

SCÈNE XIV

Les mêmes, Mme Péchard, *puis* les Midinettes *et* Emile

Mme Péchard

(*A part, les regardant s'embrasser.*) Croyez-vous qu'ils s'en payent, ces deux-là?... Et aïe donc!... Ça me rend toute chose quand je vois ça... Je vas encore pas fermer l'œil de la nuit. (*Haut.*) Dites donc, les enfants, si vous n'aimez pas ça, demandez de la bière !

Germaine

(*Surprise, lâche Georges.*) Oh ! Madame Péchard !...

Georges

On s'embrassait.

Mme Péchard

Vraiment?... Je ne l'aurais pas cru si vous ne me l'aviez pas dit.

(*Les midinettes entrent bruyamment.*)

Les Midinettes

Nous voilà !

Mme Péchard

Ah ! les folles ! (*A part.*) Je parie que dans tout le tas y en a pas une qui a gardé quatre sous de fleur d'oranger pour le jour qu'elle se mariera.

(*Emile est entré.*)

Georges

Mesdemoiselles, nous allons boire au muguet fleuri !

Emile

Qu'est-ce qu'on va vous servir?

Blanche

De la limonade, on croira qu'on boit du champagne !

Les autres Midinettes

Oui ! oui ! de la limonade !

Georgette

Avec beaucoup de mousse !

Mme Péchard

(*Faisant le service.*) Je donne des verres, Emile !

Georges

Si Madame Péchard veut nous faire l'honneur de trinquer avec nous, elle ne sera pas de trop.

Mme Péchard

Vous êtes bien honnête.

Germaine

Mettez aussi un verre pour Emile.

Augustine

Eh bien, est-ce que l'on a des nouvelles de Zidore?

Germaine

Oui, votre frère l'a fait accepter. Il commence ce soir; il est heureux comme un roi !

Augustine

Ah ! tant mieux, je suis bien contente pour lui.

Emile

(*Versant.*) Attention, passez les verres !

Georgette

Beaucoup de mousse pour moi !

Georges

(*Passant des verres.*) Mesdemoiselles, trinquons, buvons et chantons ! Commence, Germaine

Germaine

Air : *Comme ça pousse* (1).

Au premier Mai, chaque jeun' fille
Doit avoir un peu de muguet,
Rien qu'une branche, une brindille,
A défaut du moindre bouquet,
Car cett' petit' fleur embaumée
Qui nous vient avec les beaux jours
Est un port'-bonheur a l'aimée,
Un talisman pour ses amours.
Aussi saluons le muguet
Qui nous revient frais et coquet !

Tous

Il nous porte veine,
N'perdons pas l'aubaine
De ce talisman
Si précieux et charmant.
On voit tout en rose,
On pens' des tas d'choses.
L'muguet, quelle aubaine,
C'est d'la veine !

RIDEAU

---

(1) *Comme ça pousse.* Maison Emile Benoit, éditeur, 13, faubourg Saint-Martin.

DEUXIÈME ACTE

Au bal donné par « l'Association amicale des Commis d'agents de change ». Un salon avec une ou deux portes au fond; deux portes également à droite et une à gauche. Toutes ces portes, sauf celle de droite 1er plan, donnent dans d'autres salons. Au fond gauche, la cheminée, et au fond droite un petit meuble sur lequel se trouve une boîte de cigares. A droite, une table de jeu avec des cartes et des jetons; à gauche, un canapé.)

SCÈNE PREMIÈRE

Un groupe de Danseurs, Brézier, Graveline, *puis* Mme Saint-Amand

(Au lever du rideau, un groupe de danseurs termine les dernières mesures d'une valse et disparaît. Brézier et Graveline restent seuls en scène.)

Graveline

Cher Monsieur Brézier, êtes-vous content?

Brézier

Comme Président de l' « Association amicale des Commis d'Agents de change », je suis satisfait.

Graveline

(Regardant dans les salons.) On s'écrase littéralement dans les salons.

Brézier

Notre bal annuel obtient chaque fois un très gros succès.

Graveline

(Apercevant la table de jeu.) Tiens! des cartes et des cigares!... Je croyais que le petit salon vert était réservé aux joueurs?

Brézier

Il est trop petit, c'est pourquoi j'ai fait préparer également celui-ci pour ceux qui voudront faire une partie ou fumer.

Graveline

Et les danseurs?

Brézier

Ils finiront par se calmer et je m'arrangerai pour qu'ils se contentent des trois grands salons. C'est bien le moins qu'ils laissent deux pauvres petits coins à ceux qui ne dansent pas.

Graveline

Mon cher Président, vous me paraissez avoir envie de taquiner la dame de pique.

Brézier

Oui, ce soir je me sens en forme.

Graveline

Gare aux joueurs !

Brézier

Vous avez donc abandonné cette charmante Madame Saint-Amand ?

Graveline

J'ai déjà dansé trois fois avec elle.

Brézier

Raison de plus !

Graveline

Son mari finirait par trouver que j'accapare sa femme.

Brézier

Saint-Amand ? Regardez-le donc, il est là-bas, dans un coin, avec Froussange ; je parie qu'ils causent finance.

Graveline

Comment ! encore ? Puisqu'ils sont associés, ils ont suffisamment le temps d'en parler toute la journée.

Brézier

Mais, mon petit Graveline, les gens qui vivent de la Bourse n'ont jamais fini leur journée ; ils font tout avec une cote à la main, même l'amour !

Graveline

Ça doit rudement les gêner.

(*On entend l'orchestre du bal qui attaque une polka.*)

Mme St-Amand

(*Entre en coup de vent.*) Eh bien, Monsieur Graveline, il faut que ce soit moi qui vienne vous chercher ?

Graveline

(*Surpris.*) Excusez-moi...

Mme St-Amand

Vous oubliez donc que vous m'avez demandé cette polka ?

Graveline

(*Même jeu.*) Je vous demande pardon...

Brézier

Madame St-Amand, c'est moi le coupable, je faisais bavarder Graveline.

Mme St-Amand

Votre devoir, mon cher Président, est de veiller à ce que les danseurs ne s'immobilisent pas dans les petits coins.

Brézier

Vous avez raison... mille excuses. Allons, Graveline !

Graveline

Voilà. (*Il enlace Mme St-Amand et ils disparaissent au fond en dansant.*)

Brézier

(*Les regardant s'éloigner.*) Pendant que Saint-Amand fait danser dans son cerveau les millions qu'il convoite, l'élégant Graveline convoite sa femme qu'il fait danser.

(*Entre Georges, venant de droite.*)

SCÈNE II

Brézier *et* Georges

Georges

(*Très inquiet, regardant sa montre.*) C'est extraordinaire que Germaine et sa mère ne soient pas encore là... Elles ont peut-être eu beaucoup de mal à trouver une voiture, il fait si vilain temps.

Brézier

Eh bien, Georges, tu parais bien préoccupé.

Georges

(*Surpris.*) Ah ! mon oncle !... Oui, je suis inquiet, Mlle Brévin n'est pas encore arrivée.

Brézier

Ah ! ta midinette...

Georges

Oui, ma...

Brézier

Gros serin ! Passe donc ton caprice : prends-la pour maîtresse.

Georges

C'est fait. Je suis l'amant de Germaine, et c'est justement parce que je la connais bien que je veux en faire ma femme.

Brézier

T'inspirant de la devise, tu t'es dit : l'essayer c'est l'adopter.

Georges

Vous consentez toujours à ce que je vous la fasse présenter par un ami ?

Brézier

C'est entendu. Mais je doute fort que les beaux yeux de Mlle Brévin ne me fassent changer d'avis.

Georges

Ah ! l'argent !

Brézier

(*Lui mettant la main sur l'épaule.*) Tu verras un jour comme tu seras content d'en avoir.

Georges

(*Nerveux*) Je vais voir du côté du vestiaire. (*Il sort à droite.*)

Brézier

(*Seul.*) Va, mon garçon... Dire qu'à son âge, j'ai fait les mêmes bêtises !

SCÈNE III

Brézier *et* Emile

Emile

(*En habit à boutons dorés et en culotte courte, entre de gauche portant un plateau chargé de coupes vides.*) Ce qu'il fait chaud là-dedans !

Brézier

(*Apercevant Emile.*) Il arrive à propos, celui-là ! (*Haut.*) Donnez-moi donc une coupe de champagne ?

Emile

Elles sont toutes vides, Monsieur.

Brézier

Bien, je vais aller au buffet.

Emile

(*Vivement.*) Je vais en rapporter d'autres, Monsieur.

Brézier

Vous êtes donc tout seul pour faire circuler des rafraîchissements ?

Emile

Oui, Monsieur.

Brézier

Mais j'avais dit à votre Administration que nous voulions au moins deux garçons pour ce service ?

Emile

Je ne sais pas, Monsieur, je ne suis pas de la maison, moi, je suis ici comme extra.

Brézier

Le buffet étant souvent encombré, il y a beaucoup de dames qui n'osent y approcher. Où est votre gérant?

Emile

Au buffet, Monsieur.

Brézier

Je vais lui dire deux mots, parce que ce service-là est mal fait !
(*Il sort à droite, suivi d'Emile.*)

SCÈNE IV

Mme Froussange *et* de la Moulinière

(*Ils entrent par le fond en causant.*)

La Moulinière

Eh bien, vous voyez que c'est moi qui avais raison : votre mari ne nous a pas vus tantôt !

Mme Froussange

Je n'en suis pas encore certaine....

La Moulinière

Voyons, ce soir en rentrant, il vous aurait dit quelque chose.

Mme Froussange

Si réellement il nous fait surveiller, comme je le crains, son plan est de faire celui qui ignore tout, jusqu'au jour où l'Agence lui fournira la preuve de notre culpabilité.

La Moulinière

Ah ! tenez, Madeleine, votre imagination me fait vivre sur un volcan !

Mme Froussange

Et moi, est-ce que je n'expose pas à chaque instant, pour vous, mon honneur au bord d'un précipice?

La Moulinière

Oui, mais vous avez soin de ne pas le laisser tomber dedans. C'est extraordinaire ce que votre honneur a le pied ferré !

Mme Froussange

(*Baissant les yeux.*) Laissez-moi le temps de me préparer à la chute.

La Moulinière

(*Soupirant.*) Depuis dix-huit mois !...

Mme Froussange

Ce n'est pas trop pour prendre son élan.

La Moulinière

Vous verrez comme le gouffre est gentiment capitonné. (*A l'oreille.*) C'est un discret rez-de-chaussée dans une maison à deux issues... et puisque vous craignez tant le bavardage des domestiques, vous trouverez là une femme de chambre myope comme une taupe, qui une fois dans la rue ne pourrait vous reconnaître à trois pas. Malheureusement sa myopie est fatale aux porcelaines et aux objets d'art. (*Implorant.*) Venez donc y faire un tour avant qu'elle n'ait fini d'ébrécher et de casser les bibelots que j'ai mis là à votre intention?

Mme Froussange

(*Nerveuse.*) Je vous promets de venir voir votre petite collection... Conduisez-moi au buffet !

La Moulinière

Allons oublier la volupté dans l'ivresse !!
(*Ils sortent par le fond.*)

SCÈNE V

Germaine, Mme Péchard, puis Georges

(*Germaine entre de droite, suivie de Mme Péchard en toilette démodée.*)

Mme Péchard

Ils sont bien aimables, au vestiaire.

Germaine

Ce que Georges doit être inquiet !

Mme Péchard

(*Allant à une porte au fond.*) Oh ! comme c'est plein de beau monde, ma chère !

Germaine

Ne parlez pas si fort, Madame Péchard ! Attendez que j'arrange un peu votre coiffure.

Mme Péchard

Heureusement que ma concierge m'a coiffée, sans quoi j'aurais jamais pu y arriver.

Germaine

Votre ruban de tête est un peu large et surtout trop voyant.

Mme Péchard

J'en avais pas d'autre, ma petite.

Germaine

(*Finissant d'arranger la coiffure.*) Na, ça ira tout de même.

Mme Péchard

(*Allant se regarder dans une glace.*) Je suis capable de faire un béguin.

Germaine

(*Riant.*) Qui sait !

Mme Péchard

Ben, après tout, un homme pourrait tomber plus mal ; je suis une veuve qu'a encore des restes.

Germaine

Certainement.

Georges

(*Entre par le fond, toujours très inquiet.*) Elle n'est pas encore arrivée !

Germaine

Georges !

Georges

Germaine ! Ah ! te voilà... Comme tu viens tard ?... j'étais inquiet,

Germaine

Maman était souffrante, impossible de l'amener.

Mme Péchard

(*Faisant des révérences.*) Monsieur... Bonsoir, Monsieur...

Georges

(*Qui ne la reconnaît pas.*) Madame...

Mme Péchard

(*Même jeu.*) Vous ne me reconnaissez pas ?

Georges

Excusez-moi, Madame...

Mme Péchard

C'est vrai que je suis t'en toilette, mais, moi, je vous reconnais bien.

Germaine

C'est Madame Péchard, la cuisinière de notre restaurant.

Georges

(*Etonné.*) Ah ! très bien !...

Germaine

Maman ne pouvant venir, et ne voulant pas me laisser aller seule au bal, j'ai demandé à cette excellente Mme Péchard de me rendre le service de m'accompagner.

Mme Péchard

(*Faisant une révérence.*) Et me voilà !

Georges

Vous êtes bien aimable, Madame.

Mme Péchard

Ça aurait été si malheureux que deux beaux enfants d'amour comme vous y soyent privés du plaisir d'aller au bal.

Georges

Oh ! ce n'est pas pour danser que nous tenions tant à venir au bal ; il s'agit d'une chose beaucoup plus sérieuse.

Mme Péchard

Je sais, Mam'zelle Germaine m'a raconté la chose dans la voiture. Si vous voulez, moi, je vas y causer à votre oncle ; j'aurais pas peur de lui dire que c'est pas bien de s'opposer à votre bonheur !

Georges

(*Vivement.*) Ne faites pas ça, malheureuse ! (*A part.*) Eh bien, ça ferait du joli !

Germaine

(*A Mme Péchard.*) Au contraire, ne dites rien à personne !

Mme Péchard

C'est bon, je ne dirai rien.

Georges

(*A Mme Péchard.*) Nous allons vous conduire dans un petit coin où vous serez très bien pour voir le bal, et quand vous désirerez vous rafraîchir, je vous conduirai au buffet.

Mme Péchard

Vous êtes bien aimable. Mais je vous préviens que si quelqu'un m'invitait pour la valse, je ne pourrais pas lui refuser.

Georges

(*Ennuyé.*) Naturellement... Seulement ici, les Messieurs n'osent jamais inviter les dames qu'ils ne connaissent pas.

Mme Péchard

C'est bien dommage, parce que tant qu'à faire d'être au bal, j'aurais bien fait une valse. Ah ! ma petite, quand j'avais votre âge, y en avait pas une pour me faire la pige à la valse. (*A Georges.*) Oui, Monsieur, je ne dansais pas, je volais sur le parquet. (*Elle fait deux ou trois tours et se laisse tomber sur le canapé.*)

Georges

Eh bien, n'ayez pas de regret, car en fait de danseurs, nous n'avons que des mazettes.

Mme Péchard

C'est bien ennuyant.

Georges

(*A Germaine.*) Je vais te présenter à l'ami chargé de la mission auprès de mon oncle.

Germaine

Ah ! cette entrevue, ce que je la redoute !...

Georges

Si tu m'aimes, du courage !

Germaine

Je te réponds que si je ne t'aimais pas, je ne serais pas là ce soir !

Georges

Venez, Madame Péchard !

Mme Péchard

Voilà, Monsieur ! (*Se remettant à valser.*) Oui, mes enfants, je ne dansais pas, je volais sur le parquet. (*Elle sort par le fond en valsant. Georges et Germaine la suivent et sortent en riant.*)

SCÈNE VI

Emile *et* Zidore

Emile

(*Entre de droite avec un plateau de rafraîchissements.*) Si on ne me donne pas quelqu'un pour m'aider, ce que je serai éreinté demain.

Zidore

(*Entre de gauche. Il est en habit et gilet blanc; coiffé d'une casquette de toile cirée ornée d'un galon d'or. Ganté de blanc, il tient un immense parapluie de couleur. (L'habit, le gilet et le pantalon sont beaucoup trop grands pour lui.*) Qu'est-ce que je prends pour ma première soirée ! (*Secouant le parapluie.*) Depuis que j'ai pris mon service aux portières, la flotte n'a pas arrêté une minute.

Emile

(*Reconnaissant Zidore.*) Comment, c'est toi?

Zidore

Tiens ! Emile ! (*L'admirant.*) Ce que t'es bath en larbin de première classe !

Emile

Fais attention, tu mouilles le parquet.

Zidore

C'est pas de ma faute, voilà deux heures que la pluie me tombe dessus.

Emile

Qu'est-ce que tu es monté faire?

Zidore

Le gérant m'a fait dire de monter pour donner un coup de main aux rafraîchissements.

Emile

Tu arrives bien ! Je t'en prie, mets ton parapluie dans un coin, parce que l'on croirait que quelqu'un s'est oublié sur le parquet.

Zidore

(*Allant mettre son parapluie dans un coin.*) Alors, qu'est-ce que je fais?

Emile

Je vais t'expliquer ça. D'abord, tu iras déposer ta casquette au vestiaire du personnel...

Zidore

Dis donc, après que je me suis fait raser et quand j'ai mis mes frusques, j'avais l'air d'un jeune marié. Et puis, regarde, le coiffeur m'a fait la raie derrière... je suis bath, hein?

Emile

Ah ! tu es très bien !

Zidore

J'aurais voulu être à ma fenêtre pour me voir passer.

Emile

Tu ne te serais pas reconnu !

Zidore

Hein, mon vieux Emile, j'ai été plus poteau que toi; tu n'as pas voulu me prêter les quinze balles et moi je t'ai tout de même fait embaucher comme extra par le frangin de Mlle Augustine.

Emile

Je ne pouvais pas.

Zidore

Je te dis ça, mais je ne t'en veux pas, la preuve...
(*Il lui serre la main.*)

Emile

Allons, viens te mettre au service des rafraîchissements.

Zidore

J'y vas.

Emile

A l'office, tu vas prendre des plateaux sur lesquels il y a des consommations.

Zidore

Qu'est-ce qu'on en fait? on les boit?

Emile

Ah ! mais non ! tu te balades avec dans les salons en les offrant aux dames et aux messieurs.

Zidore

C'est pas plus difficile que ça ?... (*Allant à droite et à gauche et imitant avec sa casquette un plateau qu'il présente.*) Madame, un mêlé-casse ? un champoreau ?

Emile

Tu feras bien attention de ne pas te faire bousculer par les danseurs.

Zidore

A pas peur !

Emile

Allons, amène-toi ! (*Il sort à droite 1er plan.*)

Zidore

(*Après une fausse sortie.*) Eh ! mon parapluie que j'oublais ! (*Imitant à nouveau la présentation d'un plateau.*) Madame, une crème d'Isigny, un vermouth grenadine... (*Il sort.*)

SCÈNE VII

Mme Péchard seule, puis Zidore

Mme Péchard

(*Entre du fond.*) Si les amoureux se figurent que je m'en vas rester toute seule dans un coin, ils se montent le cou ! Je vas faire un tour dans les salons pour voir les toilettes. (*Soufflant.*) Ce que je suis gonflée ! (*Au public.*) C'est ma robe de lendemain de noce... Vous pensez, depuis seize ans, elle est plus beaucoup à ma taille.

Zidore

(*Entre, portant un plateau de rafraîchissements. A la cantonade.*) Ne te fais pas de mousse, mon vieux, j'ai compris la manœuvre. (*Pas rassuré sur l'équilibre de son plateau.*) Tâchons de ne pas foutre tout ça par terre... Attention, v'là une dame !

Mme Péchard

(*Le reconnaissant.*) Mais c'est Zidore !

Zidore

Ah ! Madame Péchard !

Mme Péchard

En v'là une rencontre !

Zidore

Comme ça vous êtes invitée au bal ?

Mme Péchard

Figurez-vous que je suis venue accompagner Mam'zelle Germaine, une petite qui vient à notre restaurant, à cause que sa mère est malade.

Zidore

Je la connais bien, c'est elle qui m'a prêté de quoi me frusquer.

Mme Péchard

Elle est ici avec son amoureux ! (*Elle s'assied sur le canapé.*)

Zidore

En voilà un garçon bien élevé. Ce matin, il m'a payé une chopine.

Mme Péchard

Pour ça, il est bien gentil.

Zidore

Vous savez qu'Emile travaille ce soir ici comme extra ?

Mme Péchard

Non, il ne me l'avait pas dit.

Zidore

(*S'asseyant à côté d'elle.*) C'est moi qui l'ai fait embaucher. Vous allez le voir tout à l'heure ; c'est nous deux qu'on fait circuler la boisson dans les salons. (*Montrant son plateau.*) Regardez-moi ça, c'est pas des verres à quatre sous ; c'est fadé comme consommations... Prenez donc quelque chose.

Mme Péchard

C'est pas de refus. *Elle prend un verre, qu'elle porte à ses lèvres.*) Oh ! c'est pas bon ! j'aime pas ça... pouah !

Zidore

Remettez-le, prenez autre chose ; les autres finiront le reste.

Mme Péchard

(*Remettant le verre sur le plateau.*) Je vais prendre une orangeade... Et vous, prenez donc quelque chose pour trinquer avec moi.

Zidore

Oh ! non, ça m'est défendu.

Mme Péchard

Allez donc, personne regarde.

Zidore

(*Jette un coup d'œil à droite et à gauche, prend une coupe de champagne, trinque avec Mme Péchard et vide la coupe d'un trait.*) Il est rien bon, le champagne !

Mme Péchard

(*Après avoir vidé son verre.*) Alors, c'est tout votre service ?

Zidore

(*Mettant le plateau sur la table.*) Oui, ça et les portières des voitures à ouvrir. (*Prenant un verre dont il verse le contenu dans les autres verres.*) J'égalise les autres consommations, comme ça personne n'y verra rien... ni vu ni connu, je t'embrouille !

Mme Péchard

(*L'admirant.*) Mais dites donc, vous faites rudement bien en habit.

Zidore

N'est-ce pas que je porte bien la toilette ? Et vous, Madame Péchard, vous êtes aussi rudement gironde sur votre trente-et-un ?

Mme Péchard

Allez, quoique je n'aye plus vingt-cinq ans, si j'avais de la fortune, pour la toilette je saurais y faire comme les belles Madames.

Zidore

Pour sûr !... Moi, je vous admire.

Air : *Elle est de la famille.* (1)

Mme Péchard

Tout comme à des rupins la toilett' nous va bien,
Pour êtr' chic il nous faut presque rien.

Zidore

L'élégance,
La prestance,
N'se trouv' pas qu'chez les ceuss's qu'a l'moyen.

Mme Péchard

Qu'on nous donn' la galette et nous serons tout l'temps
Nous aussi des gensses épatants.

Zidore

Bell's manières,
Mine fière
Nous iraient comme une paire de gants.

Ensemble

On n'est pas très riche,
Mais on a des qualités ;
On sait se tenir en société,
Société (*bis*)
Celui qui s'en fiche,
Qui mépris' la distinction,
C'est parce qu'il ignor' le bon ton
Et la bonne éducation.

(*L'orchestre du bal joue une valse.*)

---

(1) *Elle est de la famille*, chez M. Christiné, édit., 33, faubourg St-Martin.

Mme Péchard

(*Tend l'oreille.*) Ecoutez !

Zidore

Quoi ?

Mme Péchard

La musique !

Zidore

C'est l'orchestre qui vient d'attaquer une valse !

Mme Péchard

(*Ne pouvant plus y tenir.*) Ah ! tant pis, il ne sera pas dit que je suis venue au bal sans en danser une ! (*Elle empoigne Zidore qu'elle fait tourbillonner follement.*)

Zidore

(*En dansant.*) Si le gérant me voyait...

Mme Péchard

(*Le faisant tourner plus vite.*) N'ayez donc pas peur !

Zidore

M'ame Péchard, vous êtes affolante !
(*Emile entre de droite.*)

SCÈNE VIII

Les mêmes, Emile

Emile

(*Portant un plateau.*) Je suis curieux de savoir comment Zidore s'en tire. Ah ! mon Dieu ! il danse !... Mais c'est avec la mère Péchard !... Arrêtez ! arrêtez donc !

Mme Péchard

(*Grisée par la danse.*) On ne peut pas !

Zidore

(*Etourdi.*) On est trop lancé !

Emile

Mais vous êtes fous tous les deux !

Mme Péchard

Voilà, voilà, c'est fini ! (*Elle lâche Zidore qui va s'affaler sur le canapé. Fin de la valse.*)

Zidore

Je suis tout étourdi. (*Un hoquet.*)

Emile

Tu es complètement loufoque pour faire des blagues pareilles ! Et vous, mère Péchard, qu'est-ce que vous faites ici ?

Mme Péchard

Je suis venue accompagner Mlle Germaine, parce que sa mère pouvait pas venir.

Emile

Ah ! je comprends...

Zidore

(*A part.*) J'aurais pas dû boire un verre de champagne. (*Nouveau hoquet.*)

Emile

Si j'ai un conseil à vous donner, c'est de ne pas recommencer ce que vous venez de faire là, parce que sans ça on vous ficherait à la porte.

Mme Péchard

Quoi ? on ne faisait pas de mal.

Emile

Allons, Zidore, prends ton plateau et va faire ton service.

Zidore

(*Se levant.*) J'y vas. (*Encore tout étourdi, il va prendre son plateau.*) Dis donc, Emile, je te vois deux fois.

Emile

Rappelle-toi tout ce que je t'ai dit.

Zidore

Sois tranquille. (*En s'en allant.*) Ah ! la la la ! ce que je suis étourdi ! (*Il sort par le fond.*)

Emile

Vous savez, mère Péchard, si on vous avait vus, tous les deux, ça aurait fait un joli scandale et Zidore aurait perdu sa place. (*Un bruit formidable de verres brisés*) Je parie que c'est lui qui vient de renverser son plateau !

Mme Péchard

Ah ! mon Dieu !

Emile

Tenez-moi ça ! (*Il passe son plateau à Mme Péchard et se sauve au fond.*)

Mme Péchard

(*Seule, tenant le plateau à deux mains.*) J'aurais pas dû le faire danser.

(*Brézier entre de droite.*)

SCÈNE IX

Mme Péchard et Brézier

Brézier

Voyons les joueurs que nous avons de ce côté?... Comment! personne!... Oh! retournons bien vite là-bas... (*Mme Péchard se retourne. Étonné.*) Tiens! que fait donc cette dame avec ce plateau?

Mme Péchard

(*Surprise et gênée.*) Monsieur...

Brézier

(*Allant à elle.*) Vous paraissez bien embarrassée, Madame?

Mme Péchard

Oh! pas du tout, Monsieur!

Brézier

Ah! je croyais...

Mme Péchard

(*Même jeu.*) C'est le plateau d'Émile.

Brézier

(*Ne comprenant pas.*) Le plateau d'Émile?

Mme Péchard

Le garçon...

Brézier

Il n'aurait pas dû se permettre de vous encombrer à ce point-là?

Mme Péchard

J'en ai l'habitude.

Brézier

Ah! (*Il sort à reculons, regardant Mme Péchard avec ahurissement.*)

Mme Péchard

Émile revient tout de suite... je vais lui rendre son plateau.

Brézier

Parfaitement. (*A part.*) Qu'est-ce que c'est que cette femme-là? (*Il disparaît par le fond droite.*)

Mme Péchard

(*Seule.*) C'est peut-être le patron de Zidore.

SCÈNE X

Mme Péchard, Émile et Zidore

Émile

(*Entrant par le fond gauche avec Zidore.*) T'en as fait du propre!

Zidore

(*Tenant son plateau chargé de verres brisés.*) T'émotionne pas, mon poteau, y a que douze verres de cassés.

Mme Péchard

C'est du verre blanc, ça porte bonheur.

Emile

Et le liquide que tu as répandu?

Zidore

C'est à l'entrée du colidor, ça ne se verra pas.

Emile

Comment as-tu fait ton compte?

Zidore

C'est un type qui m'a poussé.

Emile

Attends que la danse soit terminée pour présenter ton plateau. (*Lui prenant son plateau.*) Donne-moi ça et prends mon plateau, je vais aller en chercher un autre.

Zidore

T'es bien gentil. (*Il prend le plateau que tient Mme Péchard.*)

Mme Péchard

Puisqu'il n'y a pas de bobo, je vous laisse. Je vais rejoindre mes petits amoureux. (*Elle sort au fond.*)

Emile

Fais attention, ce coup-ci.

Zidore

J'ai mon idée ! Je me tiendrai le long du mur.

Emile

Arrange-toi. (*Il sort à droite 1ᵉʳ plan, emportant le plateau de verres brisés.*)

Zidore

(*Seul.*) Avant, je vas bien mettre mes verres au milieu du plateau. (*Il pose son plateau et range les verres.*)
(*Mmes Froussange et Saint-Amand entrent par le fond.*)

SCÈNE XI

Zidore, Mmes Froussange *et* St-Amand

Mme Froussange

Est-ce que M. Saint-Amand vous a fait danser?

Mme St-Amand

Pas une seule fois. Mon mari ne cesse de causer avec le vôtre.

Mme Froussange

Le bureau ne leur suffit plus.

Mme St-Amand

Heureusement que nous trouvons des cavaliers plus aimables: (*Apercevant Zidore.*) Voilà des rafraîchissements qui arrivent à propos. Avez-vous soif?

Mme Froussange

Oui, je boirais bien quelque chose de très frais.

Mme St-Amand

(*A Zidore.*) Est-ce que vous avez frappé le champagne?

Zidore

(*Qui ne comprend pas.*) Ah! non, parce que j'aurais trop peur de casser encore quelque chose.
(*Mme St-Amand le regarde étonnée.*)

Mme Froussange

(*Reconnaissant Zidore.*) Ah! grand Dieu!... lui!... l'homme de l'Agence! (*Elle s'éloigne.*)

Mme St-Amand

(*Choisissant sur le plateau.*) Voulez-vous une citronnade avec de la glace pilée?

Mme Froussange

(*Vivement.*) Merci, je n'ai plus soif! (*Elle se cache le visage avec son éventail.*)

Zidore

(*A part.*) Tiens! on dirait la dame que je vois des fois au Marché aux fleurs.

Mme St-Amand

(*Allant à Mme Froussange.*) Sérieusement?

Mme Froussange

(*Même jeu.*) J'ai peur que ça me fasse du mal. (*Elle tourne la tête pour ne pas être reconnue de Zidore.*)

Mme St-Amand

Qu'est-ce que vous avez?

Mme Froussange

Je vous en prie, éloignez ce garçon!

Mme St-Amand

(*Prenant une coupe de champagne.*) Laissez-nous, vous reviendrez tout à l'heure reprendre votre coupe.

Zidore

Bien, Madame. (*En s'en allant.*) Je vas porter mon plateau à deux mains, ça sera plus sûr. (*Il sort par le fond.*)

SCÈNE XII

Les mêmes, *moins* **Zidore**

Mme St-Amand

(*Inquiète.*) Qu'est-ce qu'il y a?

Mme Froussange

Cet homme a dû me reconnaître !... D'abord, il n'est ici que pour m'épier !

Mme St-Amand

Le garçon?

Mme Froussange

Oui !

Mme St-Amand

Expliquez-vous?

Mme Froussange

Vous êtes une amie, n'est-ce pas? Je puis me confier à vous?

Mme St-Amand

Vous le savez bien. (*Elle dépose la coupe sur la table.*)

Mme Froussange

Depuis quelques mois, j'ai la faiblesse d'écouter M. de la Moulinière pour lequel je me sens un peu d'affection.

Mme St-Amand

Je m'en doutais.

Mme Froussange

(*Vivement.*) Vous avez remarqué quelque chose?

Mme St-Amand

Non, c'est une simple intuition.

Mme Froussange

Fréquemment nous nous donnons des rendez-vous pour le seul plaisir de causer.

Mme St-Amand

Où est le mal?... Nos maris sont tellement occupés avec leur Banque.

Mme Froussange

Je crois que mon mari a des soupçons; depuis quelque temps il n'est plus le même avec moi.

Mme St-Amand

Le mien aussi !

Mme Froussange

Chose plus grave, j'ai trouvé dans sa chambre la carte d'une agence de police privée.

Mme St-Amand

Moi également, j'ai trouvé une adresse de ce genre-là dans les papiers de mon mari !

Mme Froussange

Chaque fois que je donne rendez-vous à M. de la Moulinière, je trouve cet homme sur mon chemin. Aujourd'hui, voulant éviter quelqu'un, nous pénétrons dans un petit café, immédiatement l'homme nous y suit; et ce soir qui je retrouve dans ce bal, en livrée? lui ! toujours lui !

Mme St-Amand

(*Troublée.*) En effet, c'est étrange !

Mme Froussange

Vous comprenez, maintenant, mes transes?

Mme St-Amand

Si je les comprends ! Il ne faut pas perdre une minute. Prévenez immédiatement M. de la Moulinière et qu'il s'arrange pour acheter le silence de cet individu.

Mme Froussange

Vous avez raison ! (*En s'en allant.*) Ah ! les maris ne se doutent jamais de tout le mal que nous nous donnons pour chercher à les tromper. (*Elle sort à droite 2e plan.*)

SCÈNE XIII

Mme St-Amand *seule*, puis Graveline

Mme St-Amand

(*Très inquiète.*) Les révélations de Mme Froussange me donnent terriblement à réfléchir... Mon mari aussi est devenu inquiet et maussade... Moi aussi je donne des rendez-vous ! Moi aussi j'ai trouvé dans les papiers de mon mari l'adresse d'une agence de police privée !

Graveline

(*Entrant de gauche.*) J'attendais impatiemment que Mme Froussange vous ait quittée pour venir vous rejoindre.

Mme St-Amand

(*Vivement.*) Faites attention, malheureux !

Graveline

A quoi?... nous sommes seuls... Je vais même en profiter pour déposer un baiser sur vos jolies épaules.

Mme St-Amand

(*Se sauvant.*) Ne faites pas ça !

Graveline

(*Regardant autour de lui.*) Je vous affirme que personne ne regarde de ce côté, et de plus votre mari, avec son associé Froussange, sont dans le salon de jeu en train de se faire ratisser leur galette par Brézier. Votre mari surtout perd tout ce qu'il veut. (*Cherchant à enlacer Mme St-Amand.*) Ce n'est pourtant pas de ma faute, car je fais tout ce que je peux pour qu'il ait de la chance.

Mme St-Amand

(*Se dégageant à nouveau.*) Ce n'est pas le moment de faire de l'esprit, alors que l'homme de l'Agence nous guette dans quelque coin !

Graveline

L'homme de l'Agence ?

Mme St-Amand

Mon ami, la situation est critique !

Graveline

Qu'est-ce qu'il y a ?

Mme St-Amand

Je crois que mon mari se doute de quelque chose !

Graveline

Sérieusement ?

Mme St-Amand

Une confidence de Mme Froussange, ainsi que certaines remarques que je viens de faire à l'instant, justifient mes craintes,

Graveline

Ah ! bah !

Mme St-Amand

Mon mari et M. Froussange se sont adressés à une agence de police privée pour faire surveiller leurs femmes !

Graveline

Bigre ! c'est embêtant ! Vous connaissez l'homme qui est chargé de nous espionner ?

Mme St-Amand

Oui, pour la circonstance, il s'est déguisé en maître d'hôtel. C'est celui qui se promène dans les salons avec un plateau de rafraîchissements... Justement il vient de ce côté.

Graveline

(*Regardant à la cantonade.*) Il a bien la touche de l'emploi. Oh ! mais, je vais lui casser les reins à ce mouchard.

Mme St-Amand

Je vous en supplie, Graveline, pas de scandale ! Ce serait nous compromettre davantage.

Graveline

Que faire alors ?

Mme St-Amand

Négocier avec lui pour qu'il fasse un rapport en notre faveur.

Graveline

C'est bien, laissez-moi seul avec lui.

Mme St-Amand

N'oubliez pas que mon honneur est en jeu. (*Elle sort à gauche, très inquiète.*)

SCÈNE XIV

Graveline et Zidore

Zidore

(*Entre par le fond, son plateau à la main. A part.*) Je suis content, j'ai rien cassé.

Graveline

(*A part.*) A nous deux ! (*Appelant.*) Maître d'hôtel !

Zidore

(*Cherche du regard et appelle à la cantonade.*) Maître d'hôtel !

Graveline

Maître d'hôtel !

Zidore

(*Même jeu.*) Maître d'hôtel !

Graveline

(*S'impatientant.*) Mais non ! vous !

Zidore

(*S'adressant toujours à la cantonade.*) Mais non ! vous !

Graveline

Pas l'autre, vous !

Zidore

Pas l'autre, vous !

Graveline

(*Allant à lui.*) Vous ne comprenez pas que c'est vous que j'appelle ?

Zidore

Ah ! c'est à moi que Monsieur s'adresse ?

Graveline

A qui voulez-vous que ce soit ?

Zidore

Je vous demande pardon, j'ai pas encore bien l'habitude.

Graveline

Oh ! ça se voit, allez !... Ne vous faites aucune illusion, je ne me suis pas trompé sur votre compte.

Zidore

(*Etonné.*) Ah !

Graveline

Ecoutez-moi bien !... Je pourrais vous casser la figure, ce qui serait une façon comme une autre de vous faire comprendre que votre petit manège ne me plaît pas ! Mais ce moyen me répugne.

Zidore

(*Esquissant le geste de lui jeter son plateau à la tête.*) Me casser la figure ?... Eh bien, essayez donc ! (*A part.*) Je vas lui foutre mon plateau sur la gueule à ce type-là.

Graveline

Ne prenez pas cet air-là avec moi, c'est inutile... Vous faites une sale besogne et je vous le dis en face !

Zidore

(*Au public.*) Vous allez voir qu'il va le recevoir, le plateau sur la gueule !

Graveline

Vous allez me répondre que c'est votre métier, que chacun fait ce qu'il peut, c'est entendu ; mais vous n'en faites pas moins une sale besogne ! (*Il va de long en large.*)

Zidore

(*A part.*) Sapristi ! ça doit être une grosse légume et il sait que c'est moi qu'a foutu par terre les consommations. (*A Graveline.*) C'est pas de ma faute, Monsieur, je ne l'ai pas fait exprès.

Graveline

Oui, je sais que votre Agence, pour exercer sa petite industrie, vous envoie ici.

Zidore

C'est pas mon service, on m'a fait monter parce qu'il manquait du personnel.

Graveline

Maintenant que vous savez que je n'ignore pas votre mission, voulez-vous être discret, ne rien voir et ne rien dire ?

Zidore

Dire quoi?

Graveline

Ne faites donc pas l'imbécile! Je vous propose une affaire?

Zidore

Une affaire?

Graveline

Je vous demande si vous voulez ne rien voir et vous taire?

Zidore

Je veux bien, moi... (*A part.*) D'abord qu'est-ce que je pourrais dire?

Graveline

Je puis compter sur votre silence?

Zidore

Oh! y a pas de pet!

Graveline

(*Tirant son portefeuille.*) C'est bien!... Voilà mille francs pour vous.

Zidore

(*Qui n'en revient pas.*) Mille francs!...

Graveline

Et si rien ne transpire, je vous donnerai encore quelque chose.

Zidore

Rien ne transpirera, Monsieur, parce que je vous promets que c'est pas moi qui vous ferai suer.

Graveline

J'y compte. (*Il se dirige vers le fond.*)

Zidore

(*Présentant son plateau.*) Monsieur veut-y prendre quéqu'chose? Un champoreau?

Graveline

Merci! (*Il disparaît.*)

SCÈNE XV

Zidore *seul, puis* Mme St-Amand

Zidore

(*Allant poser son plateau.*) Mille balles! pas possible, il s'est payé ma tête... (*Regardant le billet.*) Pourtant, c'est bien écrit et ça ne ressemble pas à un billet de la Sainte-Farce. (*Réfléchissant.*)

Mais pourquoi que ce type-là m'a donné une fortune pareille?...
Certainement c'est pas parce que j'ai flanqué par terre un plateau
de consommations...

Mme St-Amand

(*Entre de gauche.*) Je suis inquiète de savoir si Graveline a pu
s'entendre avec cet homme.

Zidore

(*Mettant le billet de banque dans sa poche.*) Tiens! la dame de
tout à l'heure! (*Il prend son plateau et va pour sortir.*)

Mme St-Amand

(*Ne sachant comment entamer la conversation:*) Est-ce que vous
avez retrouvé la coupe de champagne que je vous ai prise tout à
l'heure?

Zidore

Non, Madame...

Mme St-Amand

Ah! la voici! (*Elle va la prendre et la lui met sur son plateau.*)

Zidore

Merci bien, Madame. (*Nouvelle fausse sortie.*)

Mme St-Amand

Vous venez de voir, n'est-ce pas, un Monsieur qui avait quelque chose de particulier à vous proposer?

Zidore

(*Embarrassé.*) Oui, je viens de causer à un Monsieur.

Mme St-Amand

Vous êtes bien d'accord avec lui?

Zidore

(*Même jeu.*) D'accord... d'accord... (*A part.*) Attention, ne disons rien, je l'ai promis au type qui m'a donné mille balles.
(*Haut.*) Je suis d'accord, sans être d'accord, tout en étant d'accord.

Mme St-Amand

Je comprends... Voilà deux mille francs pour vous mettre tout
à fait d'accord avec ce Monsieur.

Zidore

Deux mille!...

Mme St-Amand

Cachez cet argent!

Zidore

(*A part, remettant les billets dans sa poche.*) Est-ce que je suis fou
ou soûl?

Mme St-Amand

Nous pouvons compter sur votre discrétion?

Zidore

Oui ! oui !... (*A part, cherchant à comprendre.*) Je peux pas être soûl, je n'ai bu qu'un petit machin de champagne.

Mme St-Amand

Au revoir, mon ami...

Zidore

Au revoir et merci, Madame. (*Présentant son plateau.*) Voulez-vous prendre quelque chose?... Un verre de vin?...

Mme St-Amand

Merci, sans façon. (*Elle sort à droite.*)

SCÈNE XVI

Zidore *seul, puis* de la Moulinière

Zidore

Tout ça c'est pas naturel... Voyons, puisque je ne suis ni fou ni soûl, c'est que je suis somnambule. (*Il se pince.*) Aïe ! mais non, je ne dors pas. Ah ! et puis, flûte ! je ne veux pas davantage m'écraser le cerveau, parce que c'est des coups à devenir marteau. (*Il se met à danser en chantant. La Moulinière entre par le fond.*)

La Moulinière

(*A part.*) Madeleine a raison, il faut en finir avec notre espion.

Zidore

(*Apercevant la Moulinière, s'arrête brusquement, restant une jambe en l'air. A part.*) Tiens ! le Monsieur de la dame du Marché aux fleurs !

La Moulinière

(*A part, le regardant du coin de l'œil.*) Oh ! cet air de policier qui se moque du monde !... Allons, prenons bravement le taureau par les cornes ! (*Allant à Zidore.*) Je voudrais vous dire deux mots?

Zidore

A moi?

La Moulinière

Oui, à vous?

Zidore

(*A part.*) N'oublions pas ce qui est promis au Monsieur et à la dame.

La Moulinière

J'irai droit au but ! Pour obtenir votre silence, combien voulez-vous?

Zidore

S'il vous plaît ?

La Moulinière

Ma proposition vous offusque ?

Zidore

Mais je ne dis rien, moi, d'abord qu'est-ce que vous voulez que je dise ?

La Moulinière

Ne jouons pas sur les mots, vous voyez bien que je viens à vous sans artifice ?

Zidore

(*Ne comprenant pas.*) Sans artifice ?... Est-ce que Monsieur veut parler de pétard ?

La Moulinière

Oui, je veux éviter ce que vous appelez du « pétard ». C'est pourquoi je vous demande de dire à votre Administration que vous n'avez rien remarqué d'anormal.

Zidore

A mon Administration ?...

La Moulinière

Oui.

Zidore

Si ça vous fait plaisir, je veux bien, seulement je le dirai au frère de Mam'zelle Augustine.

La Moulinière

Au frère de Mlle Augustine ?...

Zidore

C'est le chef du personnel; c'est lui qui m'a fait entrer dans la boîte; les autres, je ne les connais pas.

La Moulinière

Je puis compter sur vous ?

Zidore

Pas plus tard que ce soir ce sera fait.

La Moulinière

(*Lui donnant des liasses de billets.*) Tenez, voilà trois mille francs pour vous.

Zidore

Trois mille... (*Il regarde les billets.*)

La Moulinière

Vous pouvez être tranquille, le compte y est bien.

Zidore

Oh ! j'ai confiance. (*Montrant son plateau.*) Voulez-vous prendre un demi-setier ?...

La Moulinière

Merci... C'est bien compris ?... Motus !

Zidore

(*Qui ne comprend pas.*) Motus !

La Moulinière

(*En s'en allant.*) Motus !

Zidore

(*Même jeu.*) Motus !

(*La Moulinière sort au fond à reculons, un doigt sur les lèvres, murmurant un dernier :* « *Motus !* »)

SCÈNE XVII

Zidore seul, puis Mme Froussange

Zidore

(*Cherchant à comprendre.*) Motus ?... Je ne le connais pas, ce type-là ! Serrons bien vite tous ces beaux fafiots. (*Mettant les billets dans sa poche.*) Mais enfin, pourquoi qu'on me donne tant de galette pour que je ne dise rien ?... Est-ce que par hasard je ne saurais pas que je sais un secret tout en le sachant sans le savoir ?... C'est à vous en donner des convulsions ! (*On entend l'orchestre du bal qui joue une polka.*) Tiens ! c'est malheureux que la mère Péchard ne soit pas là, parce que pour me remettre de mes émotions, je lui demanderais d'en suer une avec moi. (*Il empoigne une chaise et se met à danser avec. Entre Mme Froussange venant de gauche.*)

Mme Froussange

(*A part.*) J'ai hâte de savoir si La Moulinière a réussi. (*Voyant Zidore danser.*) Ah ! mon Dieu ! qu'est-ce qu'il fait ?

Zidore

(*A part.*) Oh ! la dame du Marché aux fleurs ! (*Il s'arrête un pied en l'air, tenant toujours la chaise.*)

Mme Froussange

(*Embarrassé.*) Je vous dérange ?

Zidore

Je vas vous dire, Madame, je suis nerveux, alors quand j'ai mes nerfs je fais un petit peu de gymnastique pour les calmer. (*Il fait des mouvements avec la chaise.*)

Mme Froussange

Moi aussi, je fais la même chose, cela me réussit très bien.

Zidore

Ah!... (*A part.*) Ce que je dois avoir l'air gourde avec ma chaise.!

Mme Froussange

Un Monsieur est bien venu vous entretenir en particulier?

Zidore

(*Qui ne voudrait rien dire.*) Je vas vous dire, je rangeais les chaises, alors moi, quand je range... (*Il va poser sa chaise.*) je mets en ordre...

Mme Froussange

(*Vivement.*) A l'instant, un Monsieur n'est pas venu vous faire des propositions?

Zidore

(*A part.*) Pour qui me prend-elle?

Mme Froussange

Répondez, vous savez que la chose m'intéresse autant que lui?

Zidore

(*A part.*) Que je suis bête, c'est son mari! (*Haut.*) Oui, je viens de causer à l'instant à votre mari.

Mme Froussange

(*Effrayée.*) A mon mari?

Zidore

Parfaitement.

Mme Froussange

(*Même jeu.*) Que lui avez-vous dit?

Zidore

Tout ce qu'il a voulu.

Mme Froussange

Ah! mon Dieu! qu'est-ce que vous avez fait là?

Zidore

Eh bien, quoi? il m'a dit que je dise que j'avais rien à dire; alors moi je lui ai dit que je dirais à mon Administration que je n'avais rien à dire.

Mme Froussange

Mais alors ce n'est pas mon mari à qui vous avez parlé!

Zidore

Ah! je croyais! Comme je vous ai vue souvent avec lui au Marché aux fleurs, je pensais que c'était votre homme.

Mme Froussange

(*Vivement.*) Alors, c'est bien mon mari ! ...Tenez, voilà quatre mille francs pour vous !... Continuez à ne rien dire.

Zidore

Quatre mille !... Non, n'en jetez plus, ma poche est pleine !

Mme Froussange

Si, je vous en prie ! (*Elle lui fait prendre les billets.*) Motus !

Zidore

Hein ?

Mme Froussange

Motus !

Zidore

(*Qui ne comprend toujours pas.*) Motus ?... Moi, je m'appelle Izidore Merluchet.

Mme Froussange

Tous mes compliments...

Zidore

Voulez-vous prendre quelque chose ?... Un vin blanc gommé ?

Mme Froussange

Merci, vous êtes trop aimable. (*En s'en allant.*) « Motus ! » (*Elle sort par le fond.*)

Zidore

(*Seul.*) Motus ?... Ah ! j'y suis ! Ils s'appellent Monsieur et Madame Motus ! Voyons, combien que ça me fait tout ça ? (*Il compte sur ses doigts.*) Mille, deux mille, trois mille, quatre mille,... Cinq mille... Ah ! j'y renonce... y en a trop ! Mais qu'est-ce que je vas foutre d'une pareille fortune ?... Ah ! je m'en vas prendre un verre en bas, parce que je n'ai plus la tête à moi ! (*Il sort à droite.*)

(*Georges et Germaine entrent par le fond.*)

SCÈNE XVIII

Georges *et* **Germaine**; *puis* **la Farandole des Dames,**
puis **Mme Péchard**

Georges

Je t'assure que tu as fait une bonne impression à mon oncle.

Germaine

(*Incrédule.*) Ça m'étonne.

Georges

Il te trouve très bien et intelligente.

Germaine

(*Même jeu.*) Il est bien aimable.

Georges

J'ai bon espoir.

(*On entend le chant de la farandole des dames.*)

Dansons et sautons,
Courons, chantons
La farandole.
De tous les Messieurs,
D'un air joyeux,
Moquons-nous d'eux !

Germaine

Qui chante ainsi ?

Georges

C'est la farandole des dames.

Germaine

Qu'est-ce que c'est que ça ?

Georges

Une sauterie que nous avons imaginée à notre dernier bal : les dames se tiennent par la main et courent à travers les salons en se moquant des Messieurs qu'elles trouvent sur leur chemin.

Germaine

L'idée est drôle.

La Farandole

(*Fait son entrée et fait deux ou trois fois le tour de la scène en chantant.*)

CHANT

Air : *Farandole rose* (1).

Dansons et sautons,
Courons, chantons
La farandole !
De tous les Messieurs,
D'un air joyeux,
Moquons-nous d'eux !
Sur notre chemin,
Nous t'nant la main,
La bande folle
N'doit pas s'arrêter ;
Il faut sauter,
Danser, chanter !

Une Dame

(*Entraînant Germaine.*) Vous venez, Mademoiselle ?

Germaine

Je veux bien ! (*La farandole disparaît par le fond.*)

_____

(1) *Farandole rose*, Maison Emile Benoit, éditeur, 13, faubourg St-Martin.

Mme Péchard

(*Entre de droite en courant.*) Eh ! là-bas, attendez !... Moi aussi, je veux en être de la farandole ! Attendez donc ! (*Elle sort en courant et en criant.*)

Georges

(*Courant après Mme Péchard.*) Madame Péchard, voulez-vous rester tranquille ! (*Il disparaît.*)

(*L'orchestre joue en sourdine le motif de la Farandole, Zidore entre de droite et fait en dansant le tour de la scène et se laisse tomber sur la chaise qui est à gauche de la table de jeu. Fin de la farandole.*)

SCÈNE XIX

Zidore seul, puis Emile et Mme Péchard

Zidore

Ah ! ça va mieux ! Je me doute maintenant pourquoi qu'ils m'ont donné de l'argent tous les quatre. (*Mystérieusement.*) Ça doit être des princes étrangers qui sont venus « incoquelicot » à Paris pour faire la ribouldingue. Comme ils croient tous que je les connais, ils m'ont refilé du pognon pour pas que je dise que c'est eusses... Y a rien de tel que de prendre un verre pour vous ouvrir les intelligences. (*Il va s'asseoir sur le canapé et s'étale bien.*)

Emile

(*Entre de droite.*) Eh bien, Zidore, qu'est-ce que tu fais?... Il y a des plateaux qui t'attendent.

Zidore

(*S'étalant davantage.*) Je ne marche plus !

Emile

Comment ! tu ne marches plus?

Zidore

La preuve, c'est que je suis assis.

Emile

Tu ne vas pas recommencer à faire des blagues?

Zidore

Motus !

Emile

(*Ne comprenant pas.*) Motus?

Zidore

Ça ne te dit rien?... A moi non plus ça ne me disait rien, maintenant ça me dit quelque chose... Motus !... Te bourre pas le crâne, tu ne comprendrais pas.

Emile

(*Se tapant sur le front.*)
Mon vieux, t'as sûrement quelque chose...

Zidore

Pour sûr que j'ai quelque chose. (*Il sort les billets de banque.*)
La preuve !

Emile

Ah ! tous ces billets de banque !

Zidore

Tu ne vas pas te trouver mal ! Dis donc, je te dois six francs ?

Emile

Oui.

Zidore

(*Lui donnant un billet.*) Tiens, rends-moi la monnaie.

Emile

Mais je n'ai pas la monnaie de cent francs.

Zidore

Eh bien, garde tout... Tu vois que je ne suis pas rosse.

Emile

(*Mettant le billet dans sa poche.*) Où as-tu pris tout cet argent ?

Zidore

(*D'un air dégagé.*) Je viens de retrouver un ami qui m'a réglé
un vieux compte qu'il me devait.

Emile

Ah ! bah !

Mme Péchard

(*Entrant du fond.*) Il est embêtant, l'amoureux de Mlle Germaine... il ne veut même pas que je danse la farandole !

Emile

Ah ! mère Péchard, une nouvelle fantastique !

Mme Péchard

Quoi donc ?

Emile

Zidore est riche !

Zidore

Oui, mère Péchard, voilà les fafiots !

Mme Péchard

Ah ! Seigneur Jésus !

Zidore

Tenez, mère Péchard, comme vous avez toujours été gentille avec moi, voilà pour vous ! (*Il lui donne un billet.*)

Mme Péchard

(*Effarée.*) Merci, Monsieur Zidore... (*Elle relève sa jupe pour mettre le billet dans sa poche.*) Mais depuis quand que ça vous est arrivé ?

Zidore

(*Toujours sur le canapé et même jeu que plus haut.*) Un ami avec qui j'étais en compte... Emile, passe-moi donc un cigare.

Emile

Voilà ! (*Il va prendre la boîte qui est sur le petit meuble et la lui présente. Zidore fait son choix.*)

Zidore

(*Mettant le cigare à ses lèvres.*) Allume-moi, s'il te plaît. (*Emile craque une allumette et lui allume le cigare. Après avoir tiré deux ou trois bouffées.*) Ne compte plus sur moi pour t'aider à transbahuter les consommations et les foutre par terre.

Emile

Si le gérant te demande ?

Zidore

Tu lui z'y diras que quand je vais dans le monde, je n'ai pas l'habitude de travailler.

Emile

Bien... Je te demande pardon, mais moi je suis obligé de continuer mon service.

Zidore

(*Envoyant la fumée au plafond.*) Va, ne te gêne pas pour moi.

Mme Péchard

(*Intriguée.*) Je vais de votre côté, Emile.

Zidore

(*Même jeu.*) Allez, mes enfants, allez, allez ! (*Emile et Mme Péchard sortent à droite 1er plan en regardant Zidore d'un air ahuri.*) Je crois que je leur en ai bouché un coin.

(*Brézier, la Moulinière et Graveline entrent par le fond.*)

SCÈNE XX

Zidore, de la Moulinière, Graveline *et* Brézier

Graveline

Mon cher Président, je suis rudement content de ne pas avoir joué avec vous. Ah ! mes amis, quelle culotte vous m'auriez fait prendre !

La Moulinière

Vous avez une veine déconcertante. Jouant gros jeu comme vous le faisiez, je comprends parfaitement que les autres aient lâché la partie.

Brézier

Je suis honteux de ce que j'ai gagné; pourtant à la fin, je faisais tout ce que je pouvais pour perdre.

Zidore

(*Toujours sur le canapé, fumant son cigare.*) Qu'est-ce que c'est que ce type-là qui fait le crâneur?

Brézier

Je l'ai dit à Graveline : ce soir, je me sens en forme.

La Moulinière

Avec ça, à l'écarté, vous êtes imbattable.

Zidore

(*A lui-même, mais de façon que les autres l'entendent.*) Imbattable! jusqu'au jour où l'on trouve son homme!

Brézier

(*Regardant Zidore.*) Quel est ce Monsieur?

Graveline

(*Gêné.*) Je ne le connais pas.

La Moulinière

Moi non plus.

Zidore

(*A La Moulinière.*) N'est-ce pas, Monsieur Motus?

Brézier *et* Graveline

Monsieur Motus?

La Moulinière

(*Bas à Zidore.*) Taisez-vous donc!

Zidore

(*A part.*) Il ne veut pas que je l'appelle par son « incoquelicot ». (*A Graveline et à La Moulinière.*) Vous seriez bien aimables de me présenter à Monsieur, puisqu'il est si épatant à l'écarté; s'il veut, je lui en fais une partie.

Brézier

(*A part, regardant Zidore des pieds à la tête.*) Qu'est-ce que c'est que ce type-là?

Graveline

(*A Zidore, très gêné.*) Volontiers...

La Moulinière

(*Très gêné aussi.*) Certainement.

Graveline

(*A Brézier.*) Cher ami, je vous présente...

La Moulinière

(*Bas, à Zidore.*) Comment vous appelez-vous?

Zidore

Zidore. (*Il se lève.*)

La Moulinière

(*A Brézier.*) Nous vous présentons Monsieur Zidore.

Brézier

Vous venez de me dire que vous ne le connaissiez pas?

Graveline

(*Même jeu.*) Pas personnellement...

La Moulinière

Moi, il m'a été présenté accidentellement comme étant un riche étranger.

Graveline

(*Vivement.*) Moi aussi!

Brézier

Du moment que Monsieur est étranger et qu'il est notre hôte, cela suffit. (*Désignant un siège de la table de jeu.*) Si vous voulez vous asseoir.

Zidore

(*Allant s'asseoir à la table de jeu.*) Moi aussi, je me sens en veine ce soir. (*Il tape sur la poche où sont les billets de banque.*)

Brézier

(*S'asseyant.*) Vous savez que nous jouons un jeu extrêmement sévère: à chaque coup son jeu; on ne demande jamais de cartes.

Zidore

Ça colle!

Brézier

La partie en 5 points! Combien voulez-vous jouer?

Zidore

(*Gaiement.*) Ce que vous voudrez!

Brézier

Cinquante louis?

Zidore

(*Même jeu.*) Si vous voulez!

Brézier

Voulez-vous plus ?

Zidore

Si vous voulez !

Brézier

(*A part.*) Il a de l'estomac ! (*Haut.*) Voulez-vous cinq cents louis ?

Zidore

Mais allez donc, ne vous gênez pas ! je vous dis, ce que vous voudrez.

Brézier

(*A part. s'échauffant.*) Oh ! mais, il veut m'épater ! (*Haut.*) Allons-y pour mille louis !... A qui fera ! (*Ils coupent.*)

Graveline

(*A La Moulinière.*) Ils vont bien pour commencer.

Zidore

A vous de faire. (*Brézier bat les cartes et donne à couper.*)

La Moulinière

(*A part.*) Si c'est Zidore qui perd, jamais il ne pourra payer... Mon Dieu, que je suis embêté !

Brézier

(*Montrant la retourne.*) La dame de cœur !

Zidore

C'est une belle gonzesse ! (*Brézier le regarde étonné.*)

Graveline

(*A part.*) Quelle expression !

Zidore

(*Annonçant.*) J'ai le gonse !

Brézier

(*Ne comprenant pas.*) Le gonse ?...

Zidore

Le gonse poilu ! (*Il montre le roi.*) Dis donc, Motus, il ne comprend pas bien le français, le frère ! (*La Moulinière ne sait où se fourrer. Jouant.*) Le roi ! (*Il ramasse le pli.*) Le larbin ! (*Il ramasse.*) Trèfle ! (*Il ramasse.*) Pique !

Brézier

(*Ramassant le pli.*) Et pique ! (*Il ramasse.*) Ça fait deux pour vous.

Zidore

A moi de faire ! Ousqu'est l'ardoise ?

Brézier,

(*Lui montrant la sébile.*) Il y a des jetons. (*Zidore en prend une poignée.*) Non ! deux seulement !

Graveline

(*A La Moulinière, désignant Zidore.*) Il ne joue pas mal.

La Moulinière

C'est ce que je vois.

Zidore

(*Qui a fini de donner les cartes, annonce.*) Le roi de carreau !

Brézier

(*Vexé.*) Ça vous en fait un.

Zidore

(*Etalant son jeu.*) C'est pas la peine de jouer : j'ai trois atouts, le roi-t-et la dame.

Brézier

Vous avez gagné, Monsieur. (*Tirant son portefeuille.*) Je vais vous payer.

Zidore

Encore une !

Brézier

(*Nerveux.*) Je veux bien ! Quinze cents louis !

Zidore

Je marche !... A vous de faire puisque vous êtes le perdant.

La Moulinière

(*A Graveline.*) Mais ils sont fous !

Graveline

Ils m'en coupent la respiration.

La Moulinière

J'ai de la fortune, mais je trouve que quinze cents louis en cinq points, c'est idiot !

Graveline

La veine que Brézier a eue de l'autre côté lui fait perdre la tête.

Brézier

(*Annonce la retourne.*) Le roi de cœur !

Graveline

Ah ! ah ! (*Brézier et Zidore jouent.*)

La Moulinière

Ça devient de plus en plus palpitant.

Brézier

(*Prenant des jetons.*) Deux pour moi.

Zidore

(*Inquiet, se gratte la tête.*) A moi de faire ! (*Il bat les cartes.*)

Brézier

(*Content de ses deux points. A La Moulinière et à Graveline.*)
Eh bien, vous ne dites rien ?

Graveline

Vous nous avez estomaqués.

Zidore

(*A Graveline.*) Ne parlez pas sur la main ! (*A La Moulinière.*)
Dis donc, Motus ! C'est ton copain ?

La Moulinière

(*Extrêmement embêté.*) Taisez-vous donc !

Zidore

Mon vieux Motus, j'aime pas qu'on parle sur la main. (*La Moulinière ne sait où se fourrer. Annonçant la retourne.*) As de pique !
(*A part.*) Ça porte bonheur.

Brézier

(*Jouant.*) Trèfle !

Zidore

Le roi ! (*Ils jouent.*) La vole !

La Moulinière

Ah ! sapristi !

Brézier

(*Changeant de figure.*) Ça vous fait trois points. (*Il bat les cartes.*)

Zidore

(*Se frottant les mains.*) Dis donc, Motus, ça chauffe ! (*Cherchant du regard la Moulinière qui est assis sur le canapé.*) Eh ! Motus !
(*Se retournant vers Brézier et lui passant son cigare sous le nez pour lui en faire sentir l'odeur.*) Ça chauffe !

Graveline

(*Allant à la Moulinière.*) Il est capable de gagner la seconde partie.

La Moulinière

Je le crois.

Brézier

(*Annonce la retourne.*) Le valet de carreau !

Zidore

Le roi ! (*Ils jouent.*) Vous n'avez pas la dame ?

Brézier

(Furieux.) Je n'ai pas à vous dire mon jeu !

Zidore

(Joyeusement.) Il n'a pas la dame ! Dis donc, Motus, je vois ça à son blaire, il n'a pas la gonzesse ! *(Etalant son jeu.)* Tenez, voilà mon jeu, je fais la vole !

Brézier

C'est bien, j'ai perdu... Voulez-vous un chèque sur la Banque de France ?

Zidore

Un quoi ?

Brézier

Un chèque !

Zidore

Si c'est un chèque qui n'est pas du chiqué, je veux bien.

Brézier

Graveline, prêtez-moi votre stylo. *(Graveline lui donne son stylographe.)*

La Moulinière

(A Graveline, pendant que Brézier fait le chèque.) Tous ces policiers ont une audace...

Brézier

(Donnant le chèque à Zidore.) Voici, Monsieur, un chèque de cinquante mille. *(Il se lève.)*

Zidore

Merci bien. *(A Graveline et à la Moulinière.)* Maintenant, si qu'on irait l'arroser !

Graveline

Je veux bien prendre quelque chose pour me remettre des émotions que vous venez de me procurer.

La Moulinière

Vous venez, mon cher Président.

Brézier

(Vexé.) Non, merci... j'aperçois mon neveu à qui je voudrais dire deux mots.

Zidore

(A Brézier.) Sans rancune ?

Brézier

(Même jeu.) Aucune.

Zidore

(Qui n'a pas compris.) Au quoi ?

Brézier

Aucune !

Zidore

Je vous demande pardon, je n'avais pas compris.

La Moulinière

(*Entraînant Zidore à gauche.*) Si vous voulez vous donner la peine...

Zidore

Allez donc !

Graveline

(*Voulant également faire passer Zidore devant lui.*) Je vous en prie.

Zidore

(*Les poussant tous les deux.*) Mais ne faites donc pas des magnes avec moi. (*Petite bousculade. Ils disparaissent tous les trois à gauche.*)

Brézier

(*Seul.*) Se faire régler en deux coups par ce phénomène, alors que de l'autre côté j'ai fait prendre la culotte à tout le monde !... Ah ! non, ça c'est idiot ! (*Furieux, il sort à droite. Mmes St-Amand et Froussange entrent en causant.*)

SCÈNE XXI

Mmes Froussange *et* St-Amand

Mme Froussange

Comment avez-vous su la chose ?

Mme St-Amand

Par le fondé de pouvoir de Messieurs nos époux, qui vient de m'en confier le secret.

Mme Froussange

Et alors ?

Mme St-Amand

Si depuis quelque temps nos maris se montrent préoccupés et maussades, c'est parce qu'ils soupçonnent leur premier courtier d'avoir commis des détournements.

Mme Froussange

Vraiment ?

Mme St-Amand

Et comme ils n'ont pas encore en mains les preuves suffisantes de culpabilité, ils se sont adressés à cette fameuse agence pour faire faire une enquête avant de déposer une plainte au parquet.

Mme Froussange

Mais alors quel est cet homme que je vois lorsque je donne rendez-vous à la Moulinière et que je retrouve ici ce soir ?

Mme St-Amand

Je n'en sais rien. En tout cas, l'ayant désigné au fondé de pouvoir, qui connaît parfaitement les agents que l'on a mis aux trousses du courtier infidèle, le fondé de pouvoir m'a affirmé que l'individu que je lui montrais ne faisait certainement pas partie de l'agence.

Mme Froussange

Je m'explique maintenant son air ahuri lorsqu'on lui a demandé de ne rien dire. Il a pris l'argent sans savoir pourquoi on le lui donnait... Oh ! tant pis ! me voilà tranquille, c'est le principal !

Mme St-Amand

Moi aussi !

Mme Froussange

Comment, vous aussi ?

Mme St-Amand

Mais je suis autant coupable que vous !

Mme Froussange

Ah ! bah !

Mme St-Amand

Et comme vos craintes s'appliquaient également à mon cas, à mon tour je m'étais effrayée et j'avais pris aussi mes précautions.

Mme Froussange

(*Joyeuse, entraînant Mme St-Amand.*) Oh ! alors, allons bien vite rassurer nos amoureux !

(*Elles sortent par le fond.*)

SCÈNE XXII

Brézier *et* Georges

(*Ils entrent de gauche en causant.*)

Georges

Eh bien. mon oncle, que pensez-vous de Germaine ?

Brézier

(*Maussade.*) Elle est très gentille, elle doit avoir beaucoup de qualités, c'est une affaire entendue, mais je maintiens ce que j'ai dit !

Georges

(*Navré.*) Ah ! mon oncle, c'est impossible !

Brézier

Inutile d'insister ! Et si tu épouses cette demoiselle malgré moi, eh bien, tu resteras toute ta vie un méchant clerc d'avoué !

Georges

Vous êtes inhumain !

Brézier

Tu m'aurais présenté une jeune fille n'ayant qu'une petite dot, à la rigueur, pour ne pas contrarier tes amours, j'aurais fait un plus grand sacrifice et j'aurais accordé mon consentement, mais une demoiselle qui n'a rien... non, je ne marche pas ! Ce serait idiot après tout ce que j'ai fait pour toi !

Georges

C'est votre dernier mot ?

Brézier

Oui, Monsieur mon neveu ! (*Il sort à droite* 2e *plan.*)

SCÈNE XXIII

Georges *et* Germaine

Georges

(*Seul.*) Conclusion : si j'épouse Germaine, c'est la mistoufle; si j'en épouse une que je n'aime pas, c'est l'enfer... Triste perspective !

Germaine

(*Entrant par le fond, gaiement.*) Ah ! ce que l'on a eu chaud pour danser ce quadrille !.., Prête-moi ton mouchoir, mon chéri.

Georges

(*Tristement.*) Voilà !

Germaine

Qu'est-ce que tu as ?

Georges

Je viens d'avoir une explication avec mon oncle.

Germaine

(*Vivement.*) Il ne me trouve pas bien ? Je m'en doutais.

Georges

Au contraire, il te trouve charmante, mais impossible de le faire démordre sur le chapitre de la dot.

Germaine

Tu vois que j'avais raison.

Georges

Il m'a signifié que si je t'épousais quand même, je n'aurais plus à compter sur lui.

Germaine

(*Qui cherche à contenir son émotion.*) Alors, quittons-nous simplement, comme deux bons camarades.

Georges

Mais c'est impossible! Réfléchissons à ce que nous pouvons faire! (*Il s'assied sur le canapé et se tient la tête entre les mains.*)

Germaine

A quoi bon?

(*On entend l'orchestre du bal qui attaque une polka.*)

SCÈNE XXIV

Les mêmes, Zidore

Zidore

(*Entre joyeusement en dansant. Il chante.*) Tra la la la!... Tiens! Mam'zelle Germaine!... Je suis bien content de vous voir. Je savais que vous étiez dans le bal, mais je ne vous avais pas encore vue... Vous êtes épatée de me voir, hein?

Germaine

Je savais par Mme Péchard que vous étiez ici.

Zidore

(*Emu.*) Dites donc, nous avons un compte à régler tous les deux, je vous dois trois thunes.

Germaine

Ce n'est pas pressé.

Georges

(*Levant la tête.*) Qu'est-ce que c'est? (*Il se lève.*)

Zidore

Ah! c'est votre ami! (*A Georges.*) Je vous demande pardon, je ne vous avais pas vu. Vous ne me reconnaissez pas?... C'est moi, Zidore... la chopine?

Georges

Si, je vous remets.

Zidore

(*Même jeu.*) Excusez-moi de vous avoir dérangé de votre tête-à-tête avec Mlle Germaine.

Germaine

Il n'y a pas de mal.

Zidore

Si! il ne faut jamais déranger les amoureux, surtout quand ils sont gentils comme vous deux, car c'est leur z'y prendre un peu de leur bonheur.

Georges

Il est joli, notre bonheur, parlons-en!

Zidore

Quoi qui vous arrive ?

Georges

Mon oncle vient de le briser en mille miettes !

Zidore

Pas possible ?

Georges

Il me défend d'épouser Germaine parce qu'elle n'a pas d'argent.

Zidore

Ben, envoyez-le donc peigner la girafe ! Vous n'avez pas besoin de lui pour faire ça !

Germaine

Malheureusement son consentement est indispensable à Georges.

Zidore

A ce point-là ?

Germaine

Georges, en m'épousant, n'aurait aucun avenir, ce serait la gêne, peut-être pire ; tandis que s'il épouse une demoiselle avec dot, son oncle lui achètera une étude d'avoué et il deviendra riche.

Zidore

Bon, bon, je comprends... Je devine ce qu'il veut faire, l'oncle à la galette.

Georges

(*Avec rage.*) Ah ! l'argent !

Zidore

Dites donc, les enfants, y aurait peut-être un moyen d'arranger ça.

Georges *et* **Germaine**

Un moyen ?

Zidore

Parfaitement ! Mam'zelle Germaine m'a rendu un grand service en me prêtant quinze francs ; à mon tour je vais lui en rendre un petit en lui prêtant cinquante mille francs !

Georges *et* **Germaine**

Cinquante mille francs !...

Zidore

Je n'entends rien aux affaires, mais certainement M. Georges doit s'y connaître. Vous me ferez une manière de papier ousque vous me reconnaitrez des intérêts, et moi ça m'évitera de faire des bêtises avec ma galette et je vivrai tranquille en boulottant mes rentes. Tenez, voilà le ch... le chic... le chose... enfin le machin... (*Il le passe à Georges.*)

Georges

Un chèque de cinquante mille francs !...

Zidore

(*Vivement.*) C'est un vrai, il est signé !

Georges

Mais c'est la signature de mon oncle !

Zidore

Ah ! c'est ce type-là, votre oncle ?

Georges

Comment se fait-il que ce chèque soit en votre possession ?

Zidore

Ça vous la coupe, hein ? Eh bien, je lui ai gagné ça en deux coups de cuiller à pot à l'écarté.

Georges

Vous avez joué aux cartes avec mon oncle ?

Zidore

Oui, il faisait le malin parce qu'il avait gagné la galette de tout le monde ; alors, moi, je lui ai proposé une petite partie... Oh ! rassurez-vous, si j'avais perdu j'avais de quoi payer, la preuve ! (*Il sort ses billets de banque.*)

Germaine

Ah ! tous ces billets de banque ! Mais vous êtes riche ?

Zidore

C'est de l'argent qui revient de loin, allez... Je ne comptais plus dessus du tout. Je vous raconterai ça demain en déjeunant. Alors, les amoureux, vous acceptez ma petite combinaison ?

Georges

Vous nous sauvez la vie ! (*Il tombe dans les bras de Zidore.*)

Germaine

Ah ! Zidore ! (*Elle tombe également dans les bras de Zidore.*)

Zidore

(*Emu, les tenant dans ses bras.*) Je n'ai jamais été aussi content de ma garce de vie !

Georges

(*Vivement.*) Demain, nous irons chez le notaire !

Zidore

(*Riant.*) Croyez-vous que c'est épatant ! Votre oncle vous refuse Mlle Germaine parce qu'elle n'a pas de dot, et ça va se faire tout de même avec son beau pognon... Ce qu'il en fera une gueule quand il saura ça ! (*Il se tord.*)

(*Brézier entre du fond.*)

SCÈNE XXV

Les mêmes, Brézier

Brézier

(*Très absorbé à faire des comptes sur son carnet.*) Voyons, j'ai gagné cinq mille d'une part, dix mille de l'autre...

Zidore

(*Mettant ses gants blancs.*) Ah ! Monsieur l'oncle, vous tombez bien !

Brézier

(*Relevant la tête.*) L'oncle ?...

Georges

(*Effrayé.*) Ah ! mon Dieu ! qu'est-ce qu'il va faire ?

Zidore

(*A Brézier.*) Oui, Monsieur, vous arrivez comme Mars dans la « crème ».

Brézier

Vous désirez ?

Zidore

Une chose bien simple : que vous fassiez le bonheur de ces deux enfants-là ?

Brézier

De quoi vous mêlez-vous, Monsieur ?

Zidore

Je vas vous le dire, mon prince : j'ai l'honneur de vous demander la main... et tout le reste de votre neveu pour Mam'zelle Germaine, ici présente, à qui je donne une dot de cinquante mille francs !

Brézier

Vous dotez Mademoiselle ?

Zidore

Oui, mon petit, j'ai pensé comme ça que les cinquante mille balles que je vous ai gagnées ne sortiraient pas de la famille... Et puis, je lui dois bien ça... allez, c'est une brave fille... (*Lui donnant une tape sur le ventre.*) Je vous raconterai ça, mon gros !

Brézier

(*Désarmé.*) L'aventure est vraiment extraordinaire. (*Après une seconde de réflexion.*) Eh bien, soit !

— 79 —

Zidore et Germaine

(*Tombant dans les bras de Brézier.*) Ah ! mon oncle !

Zidore

(*Riant.*) Ah ! leur oncle !
(*Mme Péchard entre par le fond.*)

SCÈNE XXVI

Les mêmes, Mme Péchard

Mme Péchard

Où sont donc mes amoureux ?

Zidore

(*Au public.*) Seulement tous ces trucs-là ça me met dans des états « libidiniques ». (*Apercevant Mme Péchard, il l'enlace et l'embrasse.*) Ah ! M'mame Péchard, vous tombez bien !

Mme Péchard

Voyons, Monsieur Zidore, y a du monde !

Zidore

On s'en fout ! Voulez-vous êtes ma maîtresse ?

Mme Péchard

Qu'est-ce que vous dites là ?

Zidore

Vous ne voulez pas à la colle, c'est bon, on se mariera ! Vous allez quitter tous vos fourneaux pour n'en prendre qu'un seul : Bibi !

Georges

(*Allant à Zidore.*) Eh bien, Zidore, qu'est-ce que vous faites ?

Zidore

Je vous présente ma fiancée. Moi aussi, je vas faire comme vous, je vas « conjungoter ».

SCÈNE XXVII

Les mêmes, Mme Froussange, la Moulinière, Mme St-Amand, Gravelinc, Emile et les Danseurs

Emile

(*Qui s'est avancé.*) J'ai l'honneur de prévenir Monsieur le Président que le souper est servi.

Brézier

Parfait! A table, tout le monde!

(*Les danseurs entrent.*)

Zidore

Chouette! on va boulotter!... On l'a bien gagné!

COUPLET FINAL

Air : refrain de : *Tire, tire, Ninette!* (1)

Tous

Si ce roman, roman de midinette,
Tire, tire, tire la sonnette,
Tirons, tirons, tirons le rideau,
A su vous plaire, telle un' folle amusette,
Faites, faites, faites-nous risette,
Donnez, donnez, donnez vos bravos!

RIDEAU

---

(1) *Tire, tire, Ninette,* chez M. Christiné, 33, faubourg Saint-Martin.

Bar-sur-Aube, imp. A. LEBOIS et ses Fils.

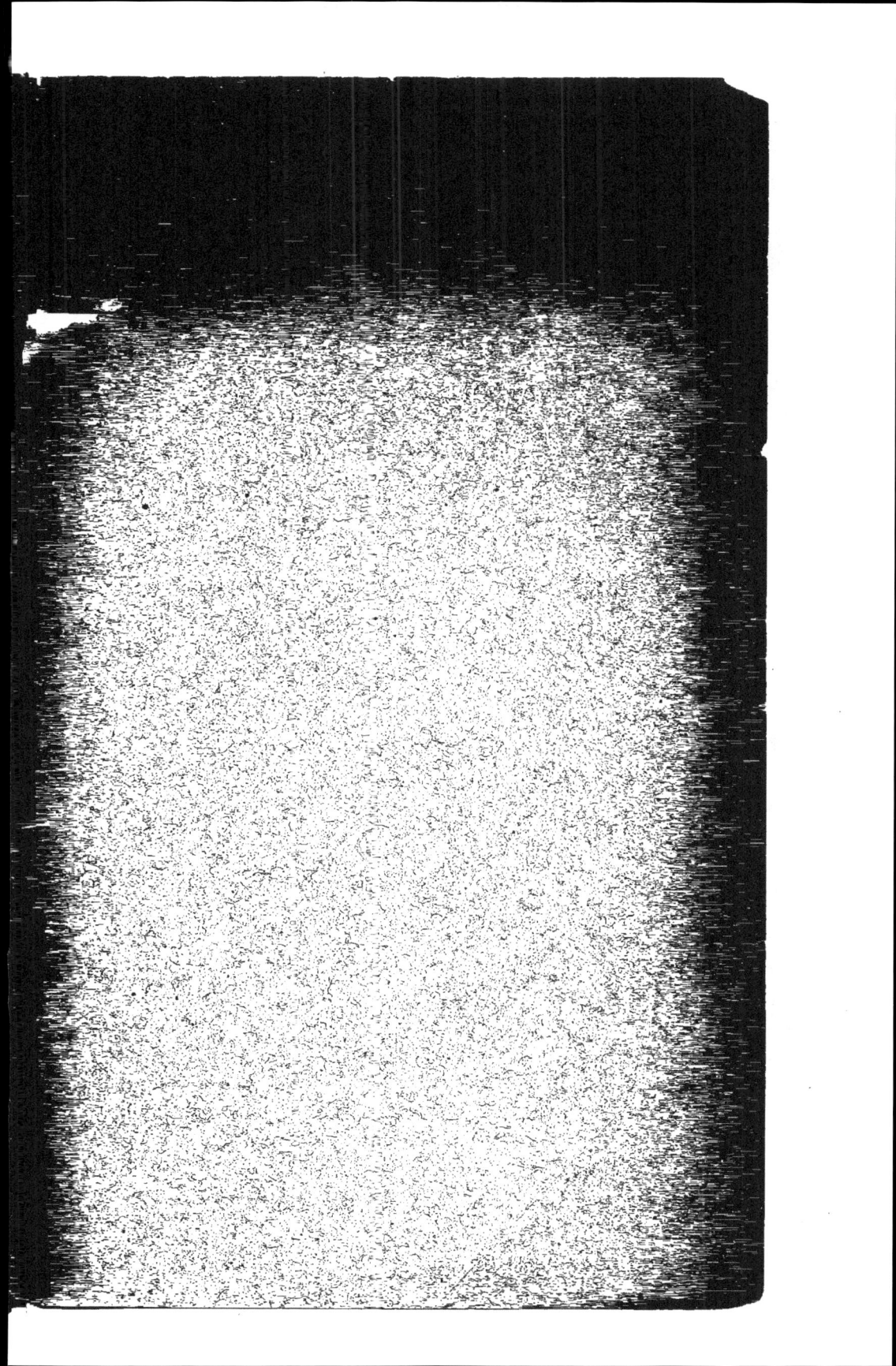

www.ingramcontent.com/pod-product-compliance
Lightning Source LLC
Chambersburg PA
CBHW070909280326
41934CB00008B/1640